スタンフォード大学で一番人気の

経済学入門

ミクロ編

ティモシー・テイラー 著
池上 彰 監訳
高橋璃子 訳

THE INSTANT ECONOMIST

Everything You Need to Know About How the Economy Works

TIMOTHY TAYLOR

かんき出版

To Kimberley, always, and to Nathaniel,
Isabel, and Emery, as they grow up

THE INSTANT ECONOMIST
by TIMOTHY TAYLOR

This edition published by arrangement with Plume,
a member of Penguin Group (USA) Inc.
through Tuttle-Mori Agency, Inc., Tokyo

日本語版の刊行によせて

世界経済が直面しているさまざまな問題について検討するとき、私がよく考えるのは、日本の経験から何か学べることはないかということです。

急速な経済成長とバブル崩壊後の長引く不況、さらにグローバル化や高齢化への対応など、日本は世界の先頭に立っています。

日本の人口増加は２００５年頃からほとんど止まっていますし、労働人口は１９９８年以降減ってきています。そのような状況で、年金や高齢者医療の制度にはどのような調整が必要なのでしょうか。労働者の数が減り、高齢者の比率がどんどん増えていくなかで、政府はどうやって人びとの生活水準を守っていけばいいのでしょうか。

世界中が、日本の動きを見つめています。

かつての経済成長のようにポジティブな点でも、バブル崩壊後とその後の低迷のようにネガティブな点でも、あるいはグローバル化や高齢化のような変化という点においても、日本経済は世界中の国々に多くの示唆を与えてくれる存在なのです。

ティモシー・テイラー

監訳者まえがき

経済はむずかしい。簡単に理解できる本はないだろうか。

こんなことが言われるのは、日本だけではないのですね。アメリカでもしばしば聞かれる声だそうです。では、それに応えよう。こうして生まれたのが、この本です。

著者のティモシー・テイラー氏は、経済学者。アメリカ経済学会発行の雑誌の編集に長年携わってきました。全米各地の大学で経済学の講義も担当し、スタンフォード大学とミネソタ大学では「学生が選ぶ講義が上手な教師」の1位を獲得しています。

アメリカの有名大学といえば、東はハーバード、西はスタンフォードです。極めて優秀な学生たちが熱狂したテイラー先生の講義とは、どんなものだったのか。この本で体験してみましょう。その教え方のうまさは、実際に本文を読んでいただければ明らかです。

経済の基本を、身近な具体例を引きながら、鮮やかに説いていきます。

経済学の基礎を知れば、世の中のしくみが見えてくる。国民のためにどんな政策が必要かもわかってくる。彼はこう説きます。

この考え方は、私とまったく同じです。

たとえば、現代の日本を考えてみましょう。

日本は長い間デフレに苦しんできました。２０１２年暮れの衆議院議員総選挙で自民党の安倍内閣が発足すると、日銀に対して大胆な金融緩和を求めました。政府も公共事業への支出の拡大をはじめました。これによってデフレから脱却しようというのです。経済学の基本が理解できていれば、こうした政策転換の意味と、今後の見通しがわかってきます。

金利が低くお金がジャブジャブとあふれるようになれば、円安が進み、輸出産業の収益が向上する。低金利で借りた資金が株式市場や土地に向かい、株価の上昇と地価上昇が起こる。株価が上昇すると、収益の上がる企業が増え、給料やボーナスが上がる社員も増えてくる。地価が上昇すれば、土地を担保に資金を借りる企業は、担保価値が上がり、より多くの資金を借りられる。その資金で工場を増設したりすれば、景気が回復していく……。

これがバラ色の未来です。

でも、すべてうまくいくとは限りません。次のような未来もありえます。

日本は原子力発電所の大部分が止まっているため、火力発電所用の石炭、石油、天然ガスの輸入が増えている。円安が進むと、こうした輸入品の価格も上がるため、電気料金はさらに上がる。あらゆる物価が上がりはじめる。ところが、給料はすぐには上がらないから、人びとの生活は苦しくなる。とりわけ年金生活者には厳しくなる。公共事業のために政府支出を増やすには、国債の増発が必要だ。ただでさえ国の借金が多いのに、これ以上増えたら、日本国債の信用が失われ、高い金利をつけないと売れなくなる。長期金利が上昇すると、住宅ローンの金利も上がる。土地は値上がりし、住宅ローンの金利も上昇すれば、マイホームの夢は遠ざかる……。

これが灰色の未来です。

経済学の基礎が身についていれば、こうしたシナリオを、自分自身で描けるようになるのです。そんな基礎を身につけるのに役立つのが、この本です。わかりやすい説明方法は、まさにわが意を得たりです。

経済学は、現実の社会と無縁ではないことから、政治との関係も問われます。

アメリカでは、一人ひとりが民主党か共和党かと支持政党を問われます。民主党の経済政策と共和党の経済政策は、大きく異なります。必然的に、民主党系の経済学者か共和党系経済学者かが問題になるのです。

その点、この本には特定の偏りがありません。民主党であれ、共和党であれ、それらの経済政策の基礎になる内容をまとめて解説しているのです。彼は、こう語りかけます。「経済学は特定の答えを提示するものではなく、答えを導きだすための思考の枠組みを与えてくれるものなのです」

この本には、わかりやすい例やたとえが随所に登場します。需要と供給の関係でものの値段が決まることは、みんなが知っていますが、では、タバコの値段は、いくらにすればいいのか。ロックバンドがコンサートで最大の利益を上げるためには、コンサートのチケットをいくらに設定すればいいのか。これらは、経済学の観点から分析できるのです。

あるいは、失業したりして生活に苦しむ人たちのための救済策であるセーフティネット（安全網）は、どうあるべきなのか。彼は、こう説明します。「セーフティネットは必要ですが、そこに安住してもらっては困るのです」「ハンモックのように、入りにくく抜け出しにくいネットではうまくいきません。必要なのは、空中ブランコで使うような安全ネットです。落下を広く受け止めてくれるけれど、すぐに跳ね上がれるような弾力性のあるネットです」

2012年には、日本で「生活保護」の不正受給が問題になりました。生活に困っている人たちが生きていけるようにするための生活保護制度は必要です。しかし、その給付水準が高くなってしまうと、保護に慣れた人たちは、自立して働こうという意欲を失います。「抜け出しにくい」ハンモックではいけないのですね。できればトランポリンで使われるようなネットなら、さらに好都合でしょう。政府の社会保障政策を立案するうえでも、経済学の知識が必要なのです。

経済学を基礎から学びたいと考える人の動機はさまざまでしょう。「これから大学の経済学部や経営学部、商学部などで経済学を学ぶことになるので、その前に経済学はどういうものか、概観しておきたい」あるいは「大学で経済学を専門に学ぶわけではないが、世の中のしくみを知るため一般教養として経済学を学んでおきたい」こうした人たちに、この本はぴったりです。とりわけ就職活動をする学生さんであれば、この程度の経済学の知識は持っておいてほしいところです。経済新聞を読むのもいいですが、基礎がないと理解できません。まずはこの本で、肩慣らししておきましょう。

もちろん社会へ出て活躍しているビジネスパーソンにもお勧めです。日々の仕事を通じて、「もっと経済学を勉強しておけばよかった」と反省している人も多いことでしょう。

経済学の学び直しに役立ててください。

現代の経済学には、「ミクロ経済学」と「マクロ経済学」があります。ミクロ経済学とマクロ経済学のちがいについては、本文中の著者本人の言葉に譲りますが、この本の構成は、ミクロから学びはじめてマクロに進みます。

原著は1冊にまとまっていますが、日本語版は、読者が読みやすいように2冊に分けました。ミクロ編とマクロ編です。

この順番で学ぶことによって、経済学が、身近な生活から国際経済・国際政治へとどのようにつながっているかがわかるでしょう。

マクロ経済学を学べば、大きな政治問題になっているTPP（環太平洋戦略的経済連携協定）参加問題をどう考えればいいのか、その思考の枠組みも得られることでしょう。

健闘を祈ります。

ジャーナリスト・東京工業大学教授　池上　彰

2013年1月

スタンフォード大学で一番人気の経済学入門　ミクロ編　目次

イントロダクション

経済学の考え方
――どのように身につければいいのか

「これさえ読めば経済が理解できるというような、とっておきの1冊はないだろうか？」

そんな質問をよくされます。

会議などの堅い集まりから、友人どうしのカクテルパーティーにいたるまで、さまざまな場所で多くの人がそうたずねてくるのです。

彼らが求めているのは、自由競争のメリットを論じた専門書ではありません。政府による規制の是非をレクチャーしてほしいわけでもありません。そのような意見を他人に押しつけられるのは、あまり気分がよくないはずです。

けれども、みんな自分の意見にどこか自信がありません。

それはなぜか。意見を支えるだけの前提となる知識がないからです。何かしら不十分な認識にもとづいて語っていることを、心の奥で自覚しているからです。

気持ちはよくわかります。

世の中には、経済に関する本が（その質はさておき）山のようにあふれていますが、経済学の基本概念をひととおり身につけられるような、一般向けの書籍を見つけることは至難のわざです。

そうしたニーズに応えるために、この本（日本語版の『スタンフォード大学で一番人気の経済学入門』はミクロ編とマクロ編の2分冊）は生まれました。この本は数式が並んだ教科書でもなければ、細かいトピックについて意見を述べた本でもありません。

この本を読めば、ミクロ経済学およびマクロ経済学に関する実用的な知識がひととおり身につきます。景気予測のプロにはなれないかもしれませんが、経済を考えるための確実な足場を手に入れ、自信を持って経済を語れるようになるはずです。

一方で、経済について語るというと、政治的な偏りを気にする人がいるかもしれません。「あなたは保守派なのか、リベラル派なのか」と訊かれることもよくあります。

しかしこの本は、どこにも偏ったものではありません。経済政策に対する意見はさまざまですが、それらすべての基礎にあるのがこの本の内容です。

経済学は特定の答えを提示するものではなく、答えを導きだすための思考の枠組みを与えてくれるものなのです。

経済学には大きく2つのアプローチがあります。ミクロ経済学とマクロ経済学です。

ミクロ経済学は個々のプレイヤー（経済活動をする個人や会社、政府）に注目し、マクロ経済学は経済全体の動きを視野に入れます。ミクロ経済学が木を見るのに対し、マクロ経済学は森を見るのです。経済を語るためには、ミクロとマクロの両方を知ることが大切です。木と森の双方向からアプローチし、全体的な視野を手に入れるのです。

この本（ミクロ編）では、おもにミクロ経済学の視点から経済を読み解きます。

まず、「財（商品やサービス）」「労働」「資本」という3つの側面について、市場がどのように動いているかを学びます。それからすこし視野を広げ、規制のない市場でどのような問題が起こりうるかを考えてみます。

たとえば、「独占」や「反競争的行為」「環境汚染」「技術やインフラ」に対する支援不足、貧困と格差の拡大、保険市場の機能停止などです。

こうした問題を見ると政府の介入が不可欠なようにも思えてきますが、この本の最後の章では、政府の介入が逆効果になるようなケースについても検討してみます。

マクロ編（『スタンフォード大学で一番人気の経済学入門　マクロ編』は２０１３年４月刊行予定）では、マクロ経済学の考え方を学んでいきます。

そこでは、「経済成長」や「失業率」「インフレ」「国際収支」「財政・金融政策」などの話題をとりあげます。市場と政府の果たすべき役割についてはさまざまな意見があると思いますが、マクロ編を読めば何かしら新たな視点に気づくはずです。

この本を読めば、自分の意見をより明確に伝えるための言葉や思考の枠組みを手に入れ、経済を一段階上のレベルから語れるようになることでしょう。

第１章 経済学とは何か

――だまされないために、経済を学ぶ

経済学には、どうもお固いイメージがつきまといます。

経済学者というと、なんだか暗くて、話しづらい印象があるかもしれません。

スタンフォード大学教授のヴィクター・フックスは、こんないい方をしています。

「経済学者との会話は、不眠症の特効薬だ」

そのようなイメージにもかかわらず、わざわざ経済学を学ぶ理由はどこにあるのでしょうか。

それは経済が、人生のあらゆる局面に大きくかかわってくる問題だからです。

仕事や収入はもちろん、医療や教育、老後の生活、世界における国の位置づけにいたるまで、すべてが経済を中心にまわっています。日々の会話のなかでも、経済は避けて通れない話題です。

それなのに経済を知らなければ、まともに議論することもできません。

たとえば、こんな経験はないでしょうか。仕事の合間に最低賃金や医療保険の問題について話していると、相手があなたの話をさえぎってこういいます。

「いやいや、こんなのは経済学の基本中の基本だよ」

そして相手はしたり顔で、自分の意見をくりかえすのです。

私の経験からいわせてもらうと、そういう場で持ちだされる「経済学の基本」は往々にしてまちがっているものです。

しかし経済学の知識がなければ、うまく反論できません。相手の意見を受け入れるか、あるいは議論を投げだすしかありません。

イギリスの経済学者ジョーン・ロビンソンは、このような言葉を残しています。

「だまされないために、経済を学ぶのだ」

経済学を考えるときの3つの問い

経済についてまともに議論するためには、どの程度のことを知っておけばいいのでしょうか。米国政府のアドバイザーを長年務める経済学者ハーブ・シュタインは、このようにいいます。

「国の経済政策を考えるためには、せいぜい大学1年の入門レベルの知識があればいい」

さすがにこれは多少皮肉を込めたいい方かもしれません。

しかし、一流大学の教授や研究者でなくても、経済について議論することは十分に可能なのです。必要なのは、経済学の考え方を理解することです。

経済学におけるもっとも基本的な問いは、以下の3つです。

・何を社会は生みだすべきか？
・どうやってそれを生みだすのか？
・生みだされたものを誰が消費するのか？

この3つの問いは、あらゆる経済システムの基礎をなすものであり、あらゆる社会に共通する基本的な問題です。資本主義か社会主義かを問わず、低所得者層から高所得者層まであらゆる人の生活が、この3つの問いによって動かされているのです。

そしてこれら3つの問いには、さまざまな答えが考えられます。

たとえば、横にのびる一本の線を想像してください。

一方の端には、国によって完全に統制された経済があります。何をどのように生産し、誰が消費するかを政府がすべて決定します。もう一方の端には、完全に自由な経済があります。何をどのように生産し、誰が消費するかは、各個人の判断にゆだねられています。

もちろん現実には、完全にどちらかの端に位置する社会はほとんどありません。ですが、さまざまな国の経済は、その両極端のあいだのどこかに位置づけることができます。

この線上の位置が変わると、社会はどのような色あいを帯びてくるのでしょうか。

まったくの無政府状態というのは抜きにして、まずは政府が市場経済のごく基礎的な部分にしか手をださない状態を考えてみましょう。

政府は盗みを取り締まり、契約の効力を保証し、国防など最低限のインフラを提供します。しかしそれ以上は関与しません。「夜警国家*」と呼ばれる状態です。

***夜警国家**
経済活動に介入しないで、治安維持や国防といった最低限のことだけをする国家のこと

そこから徐々に位置をずらしていくと、すこし政府の仕事の幅が広くなります。夜警の仕事だけでなく、道路の整備や教育といった公共サービス*がそこに加わってきます。もうすこし移動すると、いわゆるセーフティネット*が登場します。年金や健康保険などの社会保障を国が用意する状態です。

さらに先までいくと、鉱業や農業といった一部の産業を国が保護したり、場合によっては所有したりする状態が出てきます。家や食料など生きるうえで必要なものについて、政府が分配をコントロールすることも考えられます。

これをさらにつきつめると、仕事や住居や食料の分配をすべて国が管理する状態にたどり着きます。生産量や価格がすべて国によって決定されるのです。

政府がどこまで経済をコントロールすべきかという問題については、古くから論争がつづいてきました。昔は人びとを単なる無能力者、あるいは手に負えない怪物として扱う見方が主流でしたが、最近の経済学はもっとバランスのとれた見方をするようになっています。

「市場には確かな強みがあるけれども、状況によっては市場にまかせてもうまくいかず、政府の介入が役に立つ場合もある」という考え方です。

＊公共サービス
教育や医療など、人びとの福利のために政府や地方自治体が提供するサービス

＊セーフティネット
年金、失業保険、生活保護など、最低限の暮らしを保障するために用意された社会保障制度

逆に、政府の介入が役に立たず、市場にまかせたほうがうまくいく場合もあります。経済を考えるときに大切なのは、「市場か政府か」といったイデオロギー的な見方に縛られず、もっと実際的な見地から考えることです。

そのためには市場の動きについての理解を深め、うまくいかないときに何をすべきかについて、あくまでも現実的に検討する必要があります。

一方で経済学は、ときに大きく誤解されているようです。

たとえば、経済学は未来を予測する技術ではありません。それなのに世間の人たちは、経済学者が景気の後退や回復を予言すべきだと考えています。あるいは株価の上昇や下落をぴたりといい当てられるはずだと期待しています。

しかし、経済学者の予測がはずれたからといって、彼らを責めるのはお門ちがいです。経済学者は予言者ではありません。世の中がどう動いていくかをいい当てるのは、彼らの仕事ではないのです。

また世の中には、経済学を政治的主張に結びつける風潮もあるようです。私自身も経済学を教えている立場なので、「共和党と民主党*のどちら側なのか」などと訊かれることがよくあります。

＊共和党と民主党
アメリカ合衆国の二大政党。共和党が主に保守主義であるのに対し、民主党は主にリベラルの立場をとる

しかし、経済を語ることと、何らかの政治的立場をとることは別ものです。経済学は特定の政党を後押しするようなものではありません。経済学とは、そうした問題を考えるための、思考の枠組みを提供するものなのです。

経済学を理解するための４つの考え方

経済学の考え方を理解するための下準備として、４つの基本的な考え方をここで見ておきましょう。一般の人にはそれほどなじみがないかもしれませんが、経済学者にとっては自明ともいえる考え方です。

①ものごとにはトレードオフがある

ものごとには、トレードオフ*があります。何かを改善しようとすれば、別の何かに悪影響が出るかもしれません。「そんなことはわかっている」という声も聞こえてきますが、実はそのことを忘れてしまう人が意外と多いのです。

たとえば、政府の歳入を増やさなくてはならない場合について考えてみましょう。引き上げるべきは個人の税金でしょうか、それとも法人税でしょうか。普段の会話であれば、論点は次のようになると思います。

***トレードオフ**　何かを重視すると別の何かがおろそかになるような、両立しがたい関係のこと

「企業と個人と、どちらを優先すればいいんだ？」

しかし経済学者は、次のようにもっと広い視野で問題を考えます。

「法人税を引き上げたとしたら、企業はその分のお金をどこから捻出するのか。商品の値段を上げて、消費者から余分にお金をとるかもしれない。あるいはボーナスを減らしたり、株主への配当を減らしたりするかもしれない」

すると結局のところ、法人税の引き上げによって、企業ではなく個人が痛みを受けることになります。

私は別に法人税引き上げの是非を論じているのではありません。

肝心なのは、考え方です。法人税の問題を考えるのであれば、「実際には誰のふところから税金が出ているのか」というところに目を向けることが大切なのです。

たとえば、マスコミが経済の問題をとりあげるとき、よく見られるのは個人のストーリーを持ちだす手法です。会社の業績悪化でリストラされたAさんや、生活保護の引き下げで苦しんでいるBさんを取材してくるのです。このようにして個人にフォーカスすることは、視聴者の興味を引くうえで非常に効果的です。

しかし、そうしたニュースを見るとき、私はAさんやBさん以外の人たちのことを考えます。その問題によって何らかの影響を受けた人は大勢いるはずですが、ニュースにとりあげられるのは、ごく一部の人だけだからです。

経済学者の好むいい方をするなら「エピソードを集めてもデータにはならない」のです。経済の舵取りには苦しい判断がつきまといます。誰かを助けようとすれば、別の誰かが傷つくのです。そんなとき、ニュースに登場する個人のストーリーだけでなく、顔の見えない統計上の人びとにも想像を広げるセンスが求められます。

②利己的な行動が社会の秩序をつくる

周りの人をつかまえて、こんなふうにたずねてみたとしましょう。

「世の中の人がみんな自分の利益しか考えなかったら、どうなると思う？」

そんなことになったら社会がなりたたない、という答えが返ってくるかもしれません。

ところが、日々の売買はたいてい自分の利益を追求することによって成立しています。あちこちの店を物色してなるべく安く買いものをしたり、不動産価格が上がるタイミングを待って家を売ったりするようにです。

「経済学の父」と呼ばれるアダム・スミス[*]は、著書『国富論』で次のように述べました。

各人[*1]が社会全体の利益のために努力しようと考えているわけではないし、自分の努力がどれほど社会のためになっているかを知っているわけでもない。（中略）だがそれによって、その他の多くの場合と同じように、見えざる手に導かれて、自分がまったく意図していなかった目的を達成する動きを促進することになる。そして、この目的を各人がまったく意図していないのは、社会にとって悪いことだとはかぎらない。自分の利益を追求する方が、実際にそう意図している場合よりも効率的に、社会の利益を高められることが多いからだ。

「見えざる手」とは、自分の利益を追求することによって、知らないうちにほかの人たちに利益を与えることがあるという考え方です。たとえば、売り上げを伸ばすためにいい製品をつくると、それを使う人の生活が便利になるというようなケースです。

もちろん、見えざる手は万能ではありません。それによって、世の中の苦しみがなくなるわけでもありません。アダム・スミス自身も、そのことはよく承知していました。

それでも、利己心が世の中を動かす原動力であることは事実です。

＊アダム・スミス
（1723〜1790）
18世紀イギリスの経済学者、哲学者。著書『国富論』で近代経済学を切り開き「経済学の父」と呼ばれる

＊1
山岡洋一訳『国富論（下）』日本経済新聞出版社、p.31-32より引用

方向づけがうまくできれば、利己的な行動は社会に大きな利益を与えうるのです。

たとえば、人びとにエネルギーを節約してもらうには、どのようにするのが効果的でしょうか。大規模な広報キャンペーンを実施して、テレビやポスターで節約を呼びかけるべきでしょうか。経済学者なら、こういうでしょう。

「石油の使用を減らしたい？　それなら石油に課税すればいい、自然に減ってくる。燃費のいい車を開発させたい？　補助金をだせばいい、喜んで開発してくれる。太陽光発電を各家庭に導入させたい？　税金の優遇措置をつくればいい、みんな進んで導入してくれる」

つまり減らしたいものがあれば高い税金をかけて抑制し、増やしたいものがあれば補助金や減税で促進するのです。

もちろん実際の問題について、そうした対策がうまくいくとはかぎりません。それぞれのケースで考慮すべき要素がたくさんあるからです（詳しくは後の章で検討します）。しかし少なくとも、動機づけという点では明らかに効果的です。

③あらゆるコストは機会費用である

何かを選ぶことは、何かを捨てることです。

このとき選ばれなかったもののことを、経済学の言葉で「機会費用*」と呼びます。

たとえば家の掃除をしてもらうために、掃除スタッフを1回150ドルで雇うとしましょう。1カ月に2回来てもらうとして、年間のコストは3600ドルです。

これは別のいい方をすれば、「家を掃除してもらうために、1週間のメキシコ旅行分のコストをかけた」ということができます。

本当の意味でのコストとは、いくらお金がかかったかではなく、そのために何をあきらめたかということなのです。

機会費用には、金額で測ることのできないコストも含まれます。

たとえばフルタイムで大学に通えば、ほかのことに使う時間がなくなります。仕事ができたかもしれない時間を、大学のために犠牲にしているのです。学費だけでなく、こうした機会費用も、大学に行くためのコストの一部です。

④価格を決めるのは生産者ではなく市場である

日常の会話では、このようないい方をすることがよくあります。

「大家が家賃を上げるっていいだしたんだ」

「銀行のやつら、またローンの金利を引き上げるのか」

＊機会費用
ある行動を選択することで失われる、ほかの選択肢を選んでいたら得られたであろう利益のこと

これを逆にすると（あまり実際には耳にしませんが）、こうなります。

「大家のおかげで家賃が下がってうれしいよ」

「銀行が気前よく金利を下げてくれたおかげで返済が楽になったんだ」

いずれのいい方も、経済学者の目から見れば正しくありません。

文句をいうにしても、感謝するにしても、相手がまちがっています。

たしかに大家さんも銀行も欲ばりです。できるだけ多くのお金をとろうとします。しかし、それは値上げするときだけではありません。いつだって欲ばりなのです。

彼らが値上げをおこなうのはそうしたいと思ったからではなく（いつだってそうしたいと思っているはずです）、世の中の「需要と供給*」の変化がそれを可能にしたからです。

ほしいものをすべて手に入れることは不可能です。

あらゆるものを完璧に満たす社会はありません。トレードオフは避けられないのです。

ですから、人びとのスキルや欲望が多様化した現代では、「何を・どのように・誰のために」生産するのかという判断を、うまく調整していくことが重要になってきます。

＊需要と供給
需要とは、ある商品を買いたいという意欲。供給とは、ある商品を売りたいという意欲（詳しくは第3章）

第2章 分業 ——1人では鉛筆1本つくれない

現代の社会では、一見とても単純な商品が、世界にまたがる複雑な工程でつくられていることもめずらしくありません。

典型的な例が、鉛筆です。1958年、経済学の教育者であったレオナルド・リードが『僕は鉛筆（I, Pencil）』というエッセイを発表しました。

鉛筆ができるまでのプロセスを、鉛筆自身に語らせた読み物です。

鉛筆をつくるための木は、北カリフォルニアからやってきます。森で伐採され、工場に輸送されて、小さく切り刻まれます。鉛筆の芯はセイロン島の黒鉛と、ミシシッピ州の粘土を混ぜてつくられます。外側に塗る黄色い塗料は、トウゴマという植物からつくられています。ここにはトウゴマを栽培し、輸送し、塗料に加工するプロセスが含まれます。鉛筆の先についている消しゴムとの接続部分には、真鍮《しんちゅう》が使われています。真鍮をつくるためには、銅と亜鉛をそれぞれ採掘し、輸送し、製錬しなくてはなりません。消しゴムは、西インド諸島の植物油や、イタリアからやってくる軽石、その他多くのつなぎ物質を混ぜあわせてつくられます。

このように消しゴム部分だけでも、かなり長い工程が必要になるわけです。「鉛筆を一からつくりあげることができる人は、世界中のどこにもいない」と、先のエッセイの著者であるリードは主張します。おそらくそのとおりでしょう。

分業がもたらす3つのメリット

鉛筆は安価な消耗品ですから、最後まで大事に使い切るような人はむしろめずらしいと思います。ですが、1本の鉛筆ができるまでには、世界中の人たちの実に多様な労働がかかわっているのです。

さらに驚くべきなのは、身の回りの商品のほとんどすべてが、そうした大規模な連携プレーによってつくられているという事実です。

このように複数の人が役割分担して何かをつくりあげるシステムのことを、分業[*]と呼びます。分業は、大きな経済的利益を生みます。会社のなかで役割分担をする場合もそうですし、国レベルの経済についても同じです。

それはなぜでしょうか、ここで見ていきましょう。

①分業すると労働者は得意な仕事に、企業も地の利を生かした事業に集中できる

アイスクリームのメーカーを例にするなら、乳牛を育てる人とラベルのデザインを考える人はそれぞれ別の技術を持っています。同様に、ウィスコンシン州の寒冷な気候は乳牛を育てるのに向いていますが、砂糖をつくるにはもっとあたたかい気候が必要です。

このようにそれぞれの人や土地に向いた仕事を割り当てると、生産効率がアップします。

②分業で1つの仕事に集中すると、その仕事に習熟しやすい

自動車の生産工場では、現場労働者がプロセス改善のアイデアを生みだすことがよくあります。また、私たちが何らかのサービスを受けるときは、医師にしても美容師にしても、経験豊富な人を期待します。その道で実績を積んだ人に、仕事をまかせたいと思うからです。

＊分業
複数の人が役割を分担して財（モノ）を生産すること

これは企業も例外ではありません。いわゆる「コア・コンピタンス」*に特化した企業は、多方面に手を広げる企業よりも、いい仕事をすることが多いのです。

③分業すると規模の経済を活用できる

「規模の経済」*とは、大量生産によってコストが下がる傾向のことを指す言葉です。

年間1万台の車を生産する大きな工場と、年間100台しか生産しない小さな工場をくらべると、1台あたりの生産コストは大きな工場のほうが低くなります。車の生産に特化し、組立ラインによる製造過程を洗練させているからです。

規模の経済という考え方を知ると、世の中の動きをうまく理解することができます。

もしも規模の経済がなかったら、あちこちの町に小さな工場が乱立し、それぞれに自動車や冷蔵庫や洋服などをすこしずつ生産していたことでしょう。

しかし規模の経済があるおかげで、ある地域で大量生産された製品を別の町の住民も買うというスタイルができあがったのです。

また分業は、工場の中だけでおこなわれるわけではありません。地域や国をまたいだ大規模な分業も成立します。たとえばアメリカの自動車産業は、ミシガン州からアラバマ州にかけての南北に細長い地域に集中しています。

***コア・コンピタンス**
その企業の核となる独自の強み。他社にまねできない技術やノウハウなど

***規模の経済**
生産量を増やしたほうが、製品ひとつあたりの生産コストが下がる傾向のこと

経済的に豊かな国では、貧しい国よりも分業が進みやすい傾向があります。たとえば、先進国の都市生活者は、電気回路や酪農について何ひとつ知らなくても生きていけます。スマートフォンを組み立てる必要もなければ、牛を育ててチェダーチーズを熟成させる必要もありません。そうした仕事は専門の人にまかせておけばいいからです。それらを買うためのお金は、また別の高度に専門化された仕事によって稼ぎます。そうした高度な分業がうまく組みあわさって、私たちの経済がなりたっているのです。経済学者のロバート・ハイルブローナーは、次のように述べています。

圧倒的多数のアメリカ人は、[*2] 農作物を育てたこともなく、獣狩りをしたこともなく、家畜を飼ったこともなく、小麦を小麦粉に挽いたこともなく、小麦粉からパンを作ったことさえない。衣服を作るとか自分の家を自分で作るとかの課題に直面しても、ほとんどのアメリカ人は、絶望的なまでに何の訓練も受けていなければ、何の準備もできていない。身の回りにある機械類のちょっとした修理でさえも、彼らは、例えば自動車修理や配管工事などを仕事としている、自分たちのコミュニティの他のメンバーを呼ばなければならない。逆説的なことだが、アメリカが豊かになればなるほど、平均的な人々には、何の助けもなく単独で生き延びる能力がないことがますます

＊2 菅原歩 訳『経済社会の形成 原著第12版』ピアソン桐原、p.5より引用

明らかになっていくのである。

分業は企業の生産性を高め、国を豊かにし、世界の経済を発展させます。労働者や企業が専門性を身につけるのと同様に、分業は国レベルでも特定の分野に特化して強みを身につけることを可能にします。

たとえば、近年の国際貿易においては、「価値連鎖*（バリューチェーン）の分断」が大きなトレンドとなっています。価値連鎖の分断とは、生産の各過程がより大きく切り離されることを意味します。

かつては、「アメリカ車」や「日本車」といったいい方が意味を持っていました。ほとんどすべての部品が、アメリカや日本の国内でつくられていたからです。

しかし、状況は変わりました。ある国でシートカバーがつくられ、別の国でスプリングがつくられ、それらがまた別の国で組み立てられるのです。各部品は何度も国境を越えて行き来します。どこの国でつくられたというい方は、もはや意味をなさないといってもいいでしょう。

分業のメリットを生かすためには、生産プロセス*を国内に限定しない姿勢が必要です。ただし、そこにはデメリットもあります。外国との取引には、さまざまな難しい問題が絡

＊**価値連鎖**
原材料を付加価値の高い製品に仕上げるまでの一連のプロセスのこと

＊**生産プロセス**
製品の製造過程で必要となる製造工程のこと

んでくるからです（マクロ編で詳しく検討します）。

しかし全体として見れば、各国が特定の商品やサービスに特化したほうが効率的なことが多いのです。

分業によって市場経済が発達した

分業が進んだ経済は、1つの巨大な倉庫にたとえることができます。

仮に経済活動によって生みだされたあらゆるものが、この倉庫にいったん集められるとしましょう。何かをつくったら表のドアから運び込み、何かがほしいときは裏口にまわって必要なものをとっていく、というようにです。

分業ですから、各自がそれぞれちがうものを生産し、倉庫に持っていきます。ですが、ここで1つ問題が持ち上がってきます。倉庫に入っていくものと、出ていくものは、うまくバランスがとれていなくてはならないということです。

誰も使わないものを持ってきても邪魔なだけですし、みんなのほしがるものが倉庫にすこししかなければ、裏口に長蛇の列ができてしまいます。

では、倉庫に入るものと出ていくものをうまく調整するには、どうしたらいいのでしょうか。

各自がうまく配慮してくれるといいのですが、残念ながらそう簡単にはいきません。寮生活をしたことのある人なら、寮の共有冷蔵庫を思いだしてもらうといいでしょう。共有冷蔵庫の中身はみんなが適当に補充し、必要なものがあれば自由に消費します。もしあなたがミルクを買い忘れたとしても、きっと誰かが補充してくれるだろうと期待して眠りにつきます。しかし、翌朝起きて冷蔵庫を開けてみると、中にあるのは腐ったミルクや固くなったピザばかり。このようにして各自の気づかいにまかせていたら、寮の冷蔵庫はゴミだらけになってしまいます。

国の経済についても、だいたい同じことがいえます。倉庫がガラクタで埋まることをふせぐためには、価値づけのシステムが必要になってきます。倉庫に持ってくるものと倉庫から持っていくものにそれぞれ価値をつけ、さらにその２つをリンクさせるのです。

誰もほしがらないものを持ってきたら、そのものの価値はゼロです。また、すでに倉庫にあり余っているようなものを持ってきても、価値はほとんどありません。

逆に在庫がほとんどなく、しかもたくさんの人びとがほしがっているようなものを持ってきた場合、その価値はとても大きくなります。

市場経済[*]において、倉庫に入ってくるものと倉庫から出ていくものの価値は、「需要」と「供給」によって決まります。そして、倉庫のなかにある品物の価値を表すのは、「価格」です。

倉庫から何かを持ちだすためには、その代価を支払わなくてはなりません。だから、人びとはとっていくものを慎重に検討し、無駄に多くとりすぎないように気をつけます。反対に運び込む側、つまり労働の価値は、賃金や給料といった報酬によって表されます。報酬をたくさん受けとるために、生産者側はみんなが求めているような価値の高いものを持ってこようとします。

こうした「価値のメカニズム」と「需要と供給の原理」（次章で説明します）によって、市場経済は機能しています。また、このしくみによってバランスのとれた分業が可能になり、倉庫に入ってくるものと出ていくものがうまく釣りあうようになるのです。

巨大な倉庫のたとえは、もちろん万能ではありません。格差や貧困、公害、税金、政府による規制などの問題が含まれていないからです。

そうした問題については、後の章であらためて検討していきます。

現実世界で倉庫に入ってくるものと、出ていくものを決定するのは、「人びとのやりと

＊市場経済
国が生産や分配を管理するのではなく、個人や企業が自由に売買をおこなう経済のこと

り」か、「国の政策」です。あるいは両者の組みあわせによって決まってきます。
どんな形をとるにせよ、あらゆる社会は次の３つの基本的な問いに答えをださなくてはなりません。

・何を社会は生みだすべきか？
・どうやってそれを生みだすのか？
・生みだされたものを誰が消費するのか？

人びとのやりとりを中心とした市場経済は、すぐれた分業のしくみを実現し、非常に豊かな暮らしをもたらしました。店に行けば、ありとあらゆる商品やサービスが手に入ります。先進国の人間にとっては、それがほとんどあたりまえになっています。

一方、政府が中心となって商品の配分を決定する社会では、そのように豊かな品揃えは見られないようです。非市場経済の国からやってきた人をスーパーマーケットやデパートに連れていったら、商品の多さに唖然とすることでしょう。

経済を知るということは、あたりまえのように見える市場経済のすぐれた働きにあらためて目を向け、理解を深めることでもあるのです。

第3章

需要と供給

――ピザの値段を決めるのはピザ屋ではない

これまでの章で、経済学的な考え方の基本がすこしずつ見えてきたと思います。分業によって商品やサービスの交換が生まれ、生産と消費のバランスを調整するしくみが必要になりました。アメリカやカナダ、日本、西欧などの高所得国では、おもに市場のやりとりによってそれを実現しています。

それが、市場経済*と呼ばれるしくみです。

そこでは、売り手と買い手のやりとりが中心となり、さらに政府の調整が多少加わってきます。では、この市場経済はどのようにしてなりたっているのでしょうか。

そのしくみをもうすこし掘り下げて見ていきましょう。

＊**市場経済**　国が生産や分配を管理するのではなく、個人や企業が自由に売買をおこなう経済のこと

次ページに示す図は、経済の全体的な動きを表したものです。家計*（一般の消費者のことを指します）と企業のあいだで、商品やサービスおよびお金がどのように流れるかを矢印で示しています。図の中の縦に並んでいる四角い囲みは、３つの異なる市場*を表します。

上から順に財市場、労働市場、そして資本市場と呼ばれています。

財市場は、商品やサービスが取引される場です。食料や衣服、家具、散髪や電話、コンピュータや通信など、人びとが購入するあらゆるものが含まれます。

財市場では、商品やサービスが企業から家計に向かって流れていきます。企業が製品をつくり、人びとがそれを買うということです。人びとはお金を払って商品やサービスを手に入れるので、お金は家計から企業へと流れていきます。経済学用語でいえば、企業は財の供給者*であり、家計は財の需要者*です。

労働市場では、労働が家計から企業へと流れていきます。人びとが仕事をし、企業がそれを雇うということです。従業員が会社のために働くと、会社はその対価を支払います。そして賃金や福利厚生という形で、企業から家計へとお金が流れていきます。

＊家計
経済学で家計というときは、企業に対する一般の消費者を指す

＊市場
企業と家計が取引をおこなう場所。ここでは物理的な場所ではなく、お金・商品・労働力のやりとりをシンプルに捉えるための枠組みのこと

＊供給者
商品やサービスを提供する人のこと

＊需要者
商品やサービスを消費する人のこと

フロー循環図

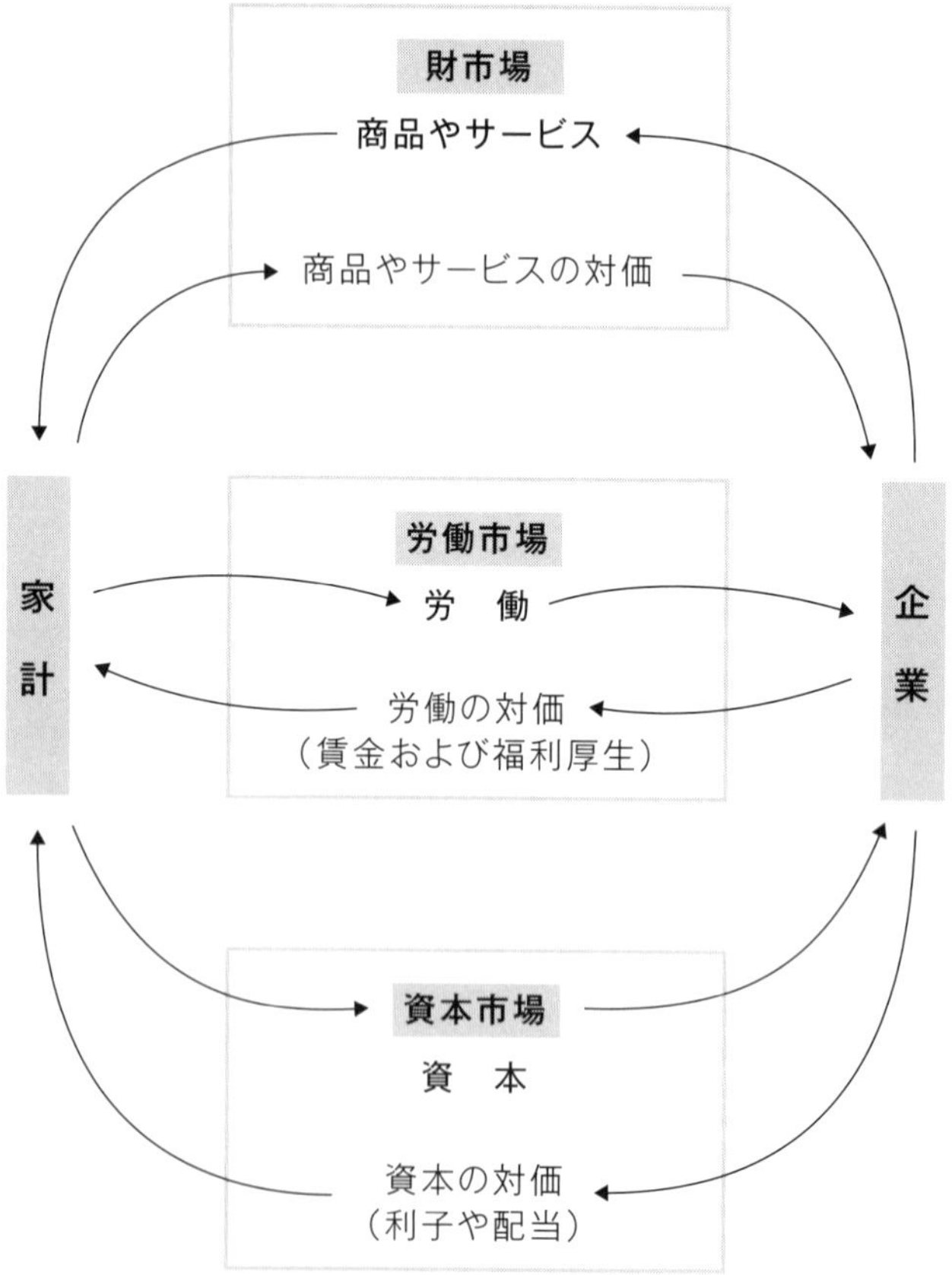
財市場
商品やサービス
商品やサービスの対価
家
計
労働市場
労　働
労働の対価
（賃金および福利厚生）
企
業
資本市場
資　本
資本の対価
（利子や配当）

労働市場では、需要と供給の関係が財市場とは逆になります。企業が労働の需要者であり、家計が労働の供給者です。

資本市場では、人びとが企業にお金を投資します。株式の購入といった直接的な投資だけでなく、銀行に預金するのも間接的な投資です。預けたお金は、銀行が企業への融資や投資に使うからです。その対価として、人びとは利子や配当を受けとります。

ですから資本主義経済では、家計が資本の供給者であり、企業が資本の需要者となります（企業も資本を提供しますが、これは企業の所有者や株主の代理でおこなうものですから、元をたどれば家計であるといえます）。

前ページの図を眺めてみると、３つの市場を通ってお金が円を描くように循環し、全体としてのマクロ経済*をつくりあげていることがわかります。

ここにはさらに政府や外国もかかわってくることになりますが、それについては『スタンフォード大学で一番人気の経済学入門　マクロ編』であらためて論じることにします。

本章ではまず家計と企業に的をしぼり、それらが３つの市場でどのようにかかわりあっているかを理解していきましょう。

***マクロ経済**
個人や企業の動きにとらわれず、経済全体を大まかに捉える考え方

価格は世の中の需要と供給のバランスで決まる

財市場において、価格はどのように決まってくるのでしょうか。

日常会話では、価格が「高すぎる」とか「安すぎる」とかいった言葉がよく出てきます。たとえば、「看護師の給料が安すぎる」とか「ガソリンが高すぎる」などといったりします。これは無意識に、自分の思う「ちょうどいい価格」とくらべているわけです。

経済学者にいわせれば、価格が「高すぎる」「安すぎる」という判断は、部屋の温度が「暑すぎる」「寒すぎる」というのと同じくらいの意味しか持ちません。

その人の主観的な感想であって、客観的な事実については何も語っていないからです。一般の人が価格の話をするとき、たいてい自分の価値観が大きくかかわってきます。しかし経済学者は、極力そうした価値判断を避けるようにしています。

経済学の父と呼ばれるアダム・スミスは、「水とダイヤモンドのパラドックス」という有名なたとえを考えだしました。

これは、「交換価値*」と「使用価値*」の区別について説明したものです。

ダイヤモンドには、非常に高い交換価値があります。そのためダイヤモンドを手に入れ

＊交換価値
「何と交換できるか」という点で見たときの価値

＊使用価値
「何に使えるか」という点で見たときの価値

るには、とても大きな対価を支払わなくてはなりません。

ところが、実際の使い道について考えてみると、ダイヤモンドが役に立つ場面はほとんどありません。食べられないし、芝刈りにも使えないし、文鎮としてもあまり優秀ではありません。基本的に役立たずのぜいたく品なのです。

一方、水は生きるうえで欠かせないものです。飲むだけでなく、水上交通や蒸気タービンなど多くの使い道があります。実用的という意味では、非常に高く評価されるわけです。

ところが、水はきわめて安価です。乾燥した地域を除けば、そもそも水は空からただで降ってきます。それだけありふれたものなので、水の交換価値はかなり低くなるのです。


このように、交換価値と使用価値はかならずしも一致しません。

ですからものの価格を論じるときには、どちらの価値について話しているのかを明らかにしておく必要があります。

経済学で価格の話をするとき、ふつうは交換価値を指しています。ものの交換価値は、希少性によって決まります。つまり、それをほしがっている人の数にくらべて、どれだけ不足しているかということです。

ダイヤモンドが高価なのは、ほしがる人の数にくらべて、ほんのすこしの量しか存在しないからです。水が安価なのは、あり余るほど豊富に存在しているからです。砂漠で喉が渇いて死にそうな人は、水を手に入れるためなら喜んでダイヤモンドを差しだすでしょう。しかしふつうに生活していれば、そんな状況におちいることはまずありません。

作家のオスカー・ワイルドは、かつてこのようにいいました。

「冷笑家とは何か？　あらゆるものの値段を知っているのに、本当の値打ちを何ひとつ知らない人間のことだ」

これはそのまま経済学者にも当てはまります。

価格ばかりに注目して、それ自体の持っている価値を見ていないからです。

経済学の視点でものの値段を語ろうとすれば、実用的な用途や価値のことは頭から追いやらなくてはなりません。価値判断を抜きにして、価格を見るのです。

難しく感じるかもしれませんが、これは慣れてしまえば、なかなか爽快な考え方です。価格が「正しい」かどうか、つまり自分の価値観にぴったりくるかどうかということをいちいち気にしなくてすむからです。

価格は、世の中の需要と供給のバランスで決まってくるものです。何を人びとがほしがっていて、それがどれだけあるかという、その関係性を反映したものにすぎないのです。

価格が上がると需要量が減り、価格が下がると需要量が増える

ここまで「需要」と「供給」という言葉をなんとなく使ってきましたが、もうすこし厳密に理解しておきましょう。

経済学で「需要」というとき、それは商品の価格と、求められている量（需要量）との関係性を指しています。ほとんどの場合、商品の価格が上がると、需要量は下がります。

次ページのグラフを見てください。

グラフの横軸は商品やサービスの量を表します。縦軸は価格です。

右下がりになっているのが、需要曲線*と呼ばれるものです。これは価格と需要量の関係を表しています。価格（縦軸）が下がれば下がるほど、需要量（横軸）はどんどん大きくなっていきます。

なぜ、価格が上がると需要量が減り、価格が下がると需要量が増えるのでしょうか。

感覚的に当然だと思われるかもしれませんが、経済学的には２つの理由が考えられます。

＊**需要曲線**
商品やサービスの価格と需要量との関係を示す曲線のこと。縦軸に価格、横軸に需要量をとったグラフで、右下がりの線で示される

理由の1つは「代替効果」[*]です。あるものの価格が上がってくると、人びとはほかのもので代用しようとします。

たとえばオレンジジュースが高くなったら、ちがう種類のジュースやビタミンCのサプリメントで代用します。ガソリン価格が上がったら、車に乗る機会を減らしたり、カーシェアリングを利用したりすることが考えられます。あるいは燃費のいい車に買い換えるかもしれません。

もう1つの理由は「所得効果」[*]です。あるものの価格が上がると、人びとの購買力が下がります。つまり、月々の給料で買えるものが少なくなるのです。

そうなると、それまでと同じものを同じだ

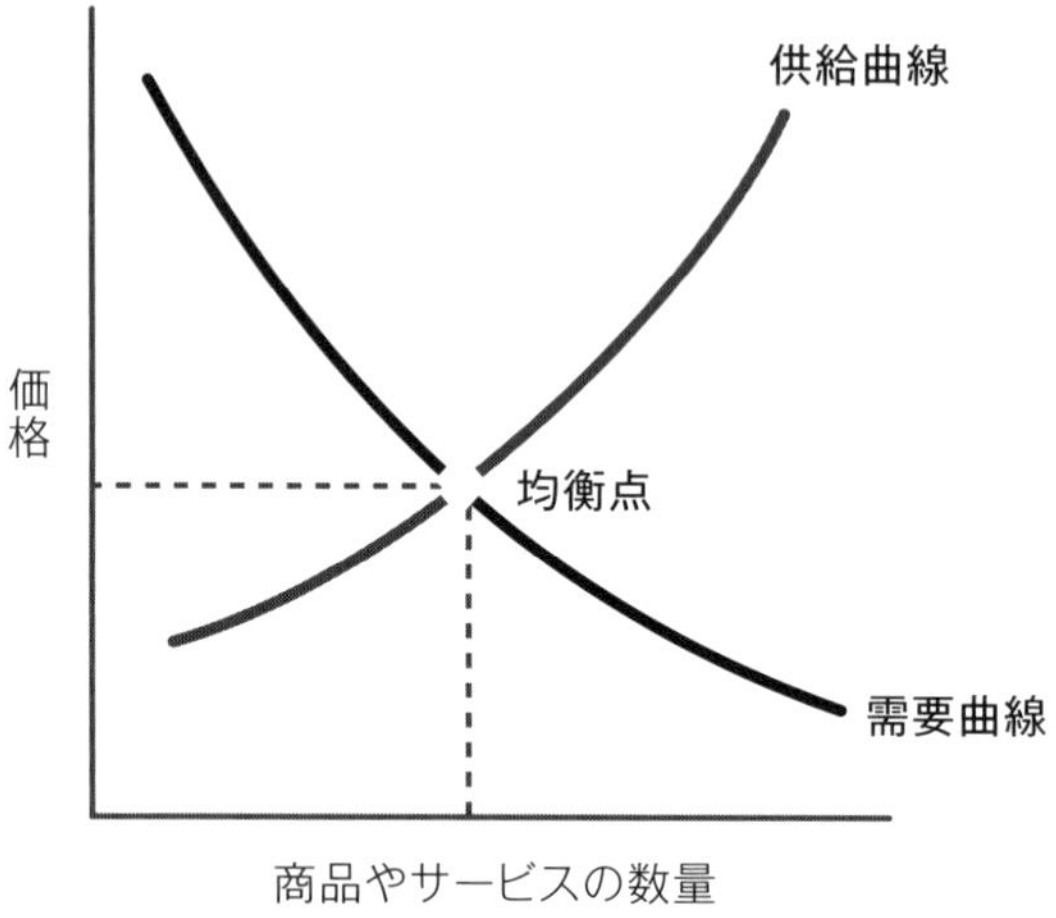

け買うことはできなくなるので、何かを買うのを我慢したり、買う量を減らしたりしなくてはなりません。

たとえば、毎朝通勤途中でコーヒーを買っているとしましょう。

もしもコーヒーの価格が1杯１００ドルに上がったら、毎朝買うわけにはいかなくなります。この場合は、コーヒーに関して購買力が下がったということです。

これほど極端でなくても、価格がすこし上がるだけで購買力は下がります。

すると所得効果がはたらき、買う量を減らしたり、もっと安いもので我慢したりしなくてはならなくなります。

ところで「需要」と「需要量」は別ものであるということを頭に入れておいてください。

経済学で「需要量」という場合、それは「ある特定の価格のときに」人びとがそのものをどれくらい求めるかを表します。

たとえば、２００９年はコーヒーの価格が1ポンドあたり1・15ドルで、売れた量はおよそ1億２０００万袋でした。こうしたピンポイントの量を指すのが需要量です。

一方、経済学で「需要」という場合、それは価格と需要量の関係性を表します。

「さまざまな価格のときに」人びとがどれだけそれを求めるかということです。

＊代替効果
ある商品の値段が上がると、消費者が割安の別商品に流れていくこと

＊所得効果
ある商品の値段が上がると、消費者がそれを買い控えること

コーヒーの価格が上がると需要量は減りますが、需要は変わりません。50ページのグラフでいえば、需要量は曲線上の点であり、需要は曲線全体です。

ここで1つ疑問が浮かんできます。

「需要」、つまり曲線全体が動くことはないのでしょうか。

需要自体も、変化します。しかし、価格によってではありません。

価格が変化すると需要量は増減しますが、需要は変わりません。曲線上の位置がいくら動いても、曲線自体は動かないのです。

需要が変化するということは、需要曲線全体が、その形を保ったまま移動することです。「需要曲線がシフトする」といういい方をすることもあります。曲線自体の位置がずれるので、価格をどこにとったとしても、以前より一定量だけ需要量が増える（あるいは減る）ことになります。

そうした需要の変化は、どのようなときに起こるのでしょうか。

①社会全体で所得水準が上がったとき

全体的な所得が上がり、人びとの使えるお金が増えると、商品やサービス全般がそれまでより多く売れるようになります。すると特定の価格のときだけでなく、どの価格においても以前より需要量が増えてきます。

②人口が増えたとき

出生率が上がって人口が増えると、商品やサービスを求める人の数が増えるわけですから、すべての価格における需要量が全体的にアップします。

③流行や好みが変化したとき

あるものがブームになったり、人気がなくなったりすることがあります。たとえば牛肉の人気が落ちて、人びとが鶏肉や魚を好むようになったとしましょう。するとあらゆる価格において牛肉の需要量は減少し、鶏肉や魚の需要量は増加します。牛肉の需要が下がり、鶏肉や魚の需要が上がるわけです。

④代替品の価格が変化したとき

人びとが高い牛肉の代わりに、安い鶏肉を買っているとしましょう。

この場合、鶏肉の価格が上がってくると、人びとは鶏肉よりも牛肉を買うようになります。つまり、牛肉の需要が上がります。逆に鶏肉がものすごく安くなったとすると、鶏肉の人気が高まり、牛肉の需要は下がります。

価格が上がると供給量が増え、価格が下がると供給量が減る

さて、今度は供給について見ていきましょう。

供給とは、商品やサービスの価格と、それがどれくらい出回るか（供給量）の関係性を指す言葉です。価格が上がると、供給量も増えていきます。

なぜなら高い値段で売れるとき、企業はそれをもっとたくさん売ろうとするからです。そのため需要曲線とは逆に、供給曲線*（50ページ）は右上がりのカーブを描きます。

価格が上がると供給量が増える現象は、次の2つの理由によって説明できます。

1つは、既存の企業が生産量を増やすからです。価格が高ければそれだけ大きな利益が見込めるので、企業はどんどんそれをつくろうとします。

もう1つの理由は、新規参入する企業が増えるからです。あるものが高い値段で売れるとわかったら、それまで別のものをつくっていた企業もその分野に入ってきます。

また、「需要」と「需要量」のちがいと同じように、「供給」と「供給量」も区別して考えなくてはなりません。

＊供給曲線
商品やサービスの価格と供給量との関係を示す曲線のこと。縦軸に価格、横軸に供給量をとったグラフで、右上がりの線で示される

「供給量」は、「ある特定の価格のときに」そのものがどれくらい生産されるかをピンポイントで表す言葉です。それに対して「供給」は、「さまざまな価格のときに」生産量がどれくらいになるかを表す言葉です。

つまり、供給量は曲線上の点であり、供給は曲線そのものなのです。

ここでも、先ほど需要について見たのと同じ疑問が出てきます。供給の曲線そのものが変化するのは、どのようなときでしょうか。

需要と同じく、供給も価格によって変化することはありません。価格が変化すると供給量は上下しますが、供給は変わらないのです。

「供給が増える」ということは、供給曲線全体の位置がずれるということです。価格をどこにとっても、供給量が一定量だけ増えます。逆に「供給が減る」ということは、すべての価格において、供給量が一定量だけ減るということです。

そうした供給の変化は、どのようなときに起こるのでしょうか。

①技術が進歩したとき

安くて効率的な生産技術が生みだされたら、企業はそれまでより多くの製品をつくれるようになります。そうなるとあらゆる価格において、供給量がいくらか増えてきます。

②天候などの自然環境が変化したとき

自然環境は、とくに農業に大きく影響してきます。天候に恵まれていると農作物がよく育ち、たくさん出回るようになります。すると、すべての価格において供給量が増えます。逆に天候が悪いと農作物が育たないので、価格にかかわらず供給量は減少します。

③投入物の価格が変化したとき

投入物とは、あるものを生産するために使われるすべてのものを指します。たとえば、原材料や人などです。ある製品をつくるために大量の石油が必要な場合、石油の価格が上がると生産量は下がります。あらゆる価格において、供給量が減少するのです。

市場経済では、価格は均衡点に向かって引き寄せられる

ここまでで、需要と供給の意味は理解していただけたと思います。

それでは、需要と供給はどんなふうにかかわりあっているのでしょうか。

ピザを例にして考えてみましょう。

まず、ピザの価格がとても安い状態にあるとします。このとき、ピザの供給量は少なくなるはずです。ピザを売っても儲からないので、誰もつくろうとしないのです。

しかし、需要量のほうは大きくなります。ピザが安く買えるなら、買いたいと思う人が増えるからです。

こうしてピザの需要量が増え、価格がすこし上がってくると、供給量もすこしずつ増えてきます。以前より儲かりそうなので、たくさん売りたいと思うからです。

一方、価格が上がるにつれて、今度は需要量が減ってきます。高いお金を出してまでピザを食べたいとは思わなくなるからです。

このようにして少なかった供給量が増え、多かった需要量が減ってくると、やがて需要量と供給量がぴたりと一致する点にたどり着きます。

これが、**均衡点***と呼ばれるものです。

均衡点とは、要するに「ちょうどいい状態」のことです。

たとえば、あるものの価格が均衡点より高いとき、供給量が需要量よりも大きくなります。すると売れなかったものが余って、倉庫に積み上がります。売り手は在庫を処分したいので、人びとが買いたいと思う価格まで値下げします。

このようにして価格が下がってくると、需要量が増えて供給量が減り、やがて両者が均衡点で出合います。

＊均衡点
需要曲線と供給曲線が交わる点

このとき、価格と量は経済学的な意味で「もっとも効率的な状態」になります。これは何ひとつ無駄にならない状態です。効率的な機械が無駄なエネルギーを使わないのと同じように、効率的な市場は無駄なものを生みだしません。また、ないものに対して無駄に需要が高まることもありません。

それに対して、たとえばあるものの価格が均衡点よりも低くなると、需要量が供給量を上回ります。これは売り切れる前に手に入れようと、店の前に行列ができるような状態です。こうなると多少高くても売れるので、売り手は価格を上げていきます。

その結果、需要量がだんだん減り、供給量が増えてきて、ふたたび両者が出合います。つまり、価格が均衡点に達するのです。

市場経済においては、価格は均衡点に向かって引き寄せられます。ただし、つねに均衡点にあるわけではありません。

均衡点については、経済学者のあいだでもさまざまな意見があります。

市場が均衡点に達するのにどれだけの時間がかかるのか。通常は均衡点にどれくらい近い位置にあるのか。市場価格が均衡点を超えるのはどんなときなのか。これらの問題は長年議論の的となってきました。

たとえば、２０００年代半ばのアメリカの住宅価格は、均衡点を大きく超えていました。この状態は数年間つづき、やがて反動がきて住宅価格は一気に下落しました。それぞれの時点を見れば均衡点からは外れていますが、長い目で見ればやはり均衡点に近づこうとする傾向が見られます。

需要と供給の考え方を使えば、あらゆる価格の動きを理解できる

需要や供給が変化すると（つまり点ではなく曲線そのものが移動すると）、均衡点も変化します。

牛肉を例に考えてみましょう。

全体的な所得が増えると、牛肉の需要が上がります。すると需要曲線が右に移動し、均衡点の位置が変わります。それまでよりも価格が高く、量の多い位置で均衡するのです。

逆に、ＢＳＥ（狂牛病）のような病気が発生すると、全体的な牛肉の供給が減ります。供給曲線が左に移動するので、以前よりも価格が高く、量は少ない位置で均衡します。

需要と供給のシフトは、経済学の入門クラスでもとくに力を入れて扱われるテーマです。需要曲線や供給曲線が移動したとき何が起こるのかということを、しっかりと把握し

ておいてください。

対象となるものや状況は変わっても、基本的なパターンは同じです。

まず需要曲線と供給曲線を頭に思い描いてください。そして均衡点をベースにして、曲線が移動したとき何が起こるのかを考えてください。新しい均衡点では、価格と量がどうなっているかについてです。

需要と供給の考え方を知っておけば、市場において価格と量がどのように決定されるかを説明できるようになります。そして価格と量がなぜ変化するのかを、筋道立てて考えることができます。

これさえ理解すれば、経済学の基本についてしっかりと足場を固めたことになります。

なお、均衡点は経済学的にちょうどいい状態ですが、人びとがちょうどいいと感じるかどうかは別問題です。需要量と供給量がぴたりと一致していても、やはり不満に感じる人はいるからです。ある買い手はつねに、「こんなのぼったくりだ」と感じているでしょうし、ある売り手はいつでも「こんな安値じゃ商売にならない」と感じているでしょう。不満が高じると、価格を調整するよう政治家にはたらきかけるかもしれません。

そこでそのようなときに何が起こるか、次の章で検討してみましょう。

一方で需要と供給の説明をすると、こんなふうにいわれることもあります。

「だけど実際、人はそこまで考えて動かないでしょう？」

たしかに、需要曲線や供給曲線を思い描きながら買いものをするような人はあまりいないと思います。しかし、買い手はなるべく安く買おうとしますし、財布と相談しながら、代替品の可能性も考慮しつつほしいものを検討します。そして企業は、価格の変化に応じて生産量を調整しています。

つまり、それぞれが自分のことを考えて動くことで、結果的に需要と供給のモデルがうまく機能するのです。

人間性やモラルなどの観点から、需要と供給の理論はいささかドライすぎると感じる人もいるかもしれません。しかし倫理的にどうであれ、この考え方が役に立つことは事実です。なぜ価格が今の状態にあるのか、なぜ上がったり下がったりするのかを、もっともうまく説明できるからです。

需要と供給の考え方を使えば、国や時代を問わず、どんなものについても、価格の動きを理解することができます。１本の鉛筆からピザにいたるまで、あらゆるものをたった１つのパターンで見抜くことができるのです。

第4章

価格統制

――家賃の高騰はふせげるか

ニューヨークやサンフランシスコで部屋を借りようとすると、家賃の高さにショックを受けると思います。住みたいと思う人がとても多いので、さえないアパートでも高い家賃で借り手がつくからです。

買い手が「高すぎる」と感じるほどに市場価格が上がった場合、どうなるのでしょうか。その一方で農業の世界に目を向けると、豊作で収穫量がきわめて多い年には、農作物が余って価格がかなり安くなることがあります。

売り手が「安すぎる」と感じるほどに市場価格が下がった場合、どうなるのでしょうか。

市場価格はつねに需要と供給によって動いていますが、その結果はつねに望ましいとはかぎりません。どんなに熱心な自由市場論者も、需要と供給によって決まった価格が絶対であるとは考えていません。そして、そこには政府による介入の余地が残されています。つまり、何らかの政策によって価格を調整することが可能なのです。しかし、政府は本当に効果的なやり方をとっているでしょうか。政府の介入は、望んだ結果にうまくつながっているのでしょうか。

価格を低く抑えようとするときに使われるのが上限価格規制

一般に、市場価格についての不満は避けがたいものです。たとえば供給者側は、つねにもっと高い価格で売りたいと思っています。もうすこしお金があれば、新たに人を雇ったり工場を増やしたりできるのに、と考えるからです。一方の消費者の側は、つねにもっと安い価格で買いたいと思っています。物価が高すぎて自分の収入ではやっていけないという不満を抱くからです。

売るほうも買うほうも、現在の価格がまちがっていると感じているのです。

企業は「正当な」価格で売りたいだけだと主張します。彼らのいう正当とは、もっと高い価格という意味です。それに対して消費者は、家賃やガソリン代が「不当に」高すぎると主張します。本来はもっと安い価格であるべきだと考えているのです。

このようなときに政治的影響力を持つ人たちが声を上げると、政府が価格統制にふみきることがあります。そして価格を低く抑えようとするときに使われるのが、上限価格規制です。価格の上限を決めて、それより高い価格で売ることを禁じるのです。

上限価格規制の代表的な例として、家賃の上限を定める**家賃規制***があります。

家賃規制に賛成する理由としては、住宅が生存に不可欠なものであること、また市場にまかせておいた場合の均衡価格が多くの人にとって高すぎることなどがあります。

ただし、価格の上限を設定したからといって、需要と供給の力が働かなくなるわけではありません。むしろ需要と供給という観点から見れば、上限価格規制によって何が起こるかは予想できます。

本来の均衡点よりも低くなるように上限を設定すると、買う側は安い価格に飛びつき、需要量が増えます。一方で、売る側のモチベーションは下がり、供給量が減っていきます。すると需要量が供給量を上回り、品不足が起こります。

これまで家賃規制が住宅不足を引き起こした例は、過去にいくらでも見つかります。

***家賃規制**
アメリカでは、家賃の高騰をふせぐために法律で上限価格を設定している都市が多い。日本ではこうした価格統制はない

たとえば、厳格な家賃規制が敷かれている都市では、合法的な価格のアパートを見つけるのが難しくなります。部屋を探している人の数にくらべて、物件があまりにも少なすぎるからです。この場合、どうなるでしょうか。

家主は物価が上昇しても家賃を引き上げることができず、やがてメンテナンスの手を抜くようになります。ですが、すこしくらい不便があっても、数少ない物件ですから借りる側も強く文句がいえません。その結果、賃貸物件の質はどんどん下がっていきます。

また、貸す側にしてみればなかなか採算がとれないわけですから、いっそのこと賃貸をやめて分譲にしようと考える人も出てきます。賃貸から手を引く人が増えてくるわけです。新しく賃貸アパートを建てようとする人も減るでしょう。

さらに、家賃を引き上げることのできない家主は、その他さまざまな名目でお金をとろうとします。たとえば、あとで返金するという約束で保証金のようなものを払わせ、退去時になると何かと理由をつけて返済をしぶるというようにです。

一方で、借り主が品不足に乗じて高い価格で転貸するのも、よくあるケースです。正規の価格で部屋を借り、その一部または全部を上限よりも高い価格で又貸しするわけです。

そのうえ、運よく正規の価格で部屋を借りられた人はなかなか出ていこうとしなくなり、ほかの人たち（切実に安い部屋を必要としているかもしれない人たち）は部屋を見つけることがさらに難しくなります。

価格の上限を設定することは簡単です。しかし自由な社会において、「生産量を増やしなさい」と売る側に強制することは不可能なのです。また、どれほど注意深く法律をつくったとしても、網の目をくぐるような不当な商行為を完全にふせぐことはできません。

下限値を決めてそれより安く売るのを禁止するのが下限価格規制

逆のケースについても考えてみましょう。

ものを売る側が政治的影響力を持っている場合、政府が下限価格規制をおこなうことがあります。価格の下限値を決めて、それより安く売ることを禁止するのです。

たとえばアメリカでは、一部の農作物に下限価格を設けて、農家の収入が下がりすぎないように保護しています。

農作物の下限価格規制に賛成する理由としては、国の食料を確保するために農業が不可欠であること（儲からないという理由で農家が減っては困る）、また自然な均衡価格*が低くなりすぎる傾向があるので、正当な価格を保証すべきであることなどがあります（なお、「低すぎ

***均衡価格**
需要と供給が自然に釣りあう価格のこと

る」「正当な」という言い方に価値判断が入っていることにも留意してください）。

そうした政治的意図とは無関係に、需要と供給の力はつねにはたらきつづけています。ですから、人為的に下限価格を決めると、当然そこには歪みが生じてきます。

本来の均衡点よりも高くなるように下限価格を設定すると、売る側はその価格でたくさん売りたいと思うので供給量が増えます。しかし買う側は高すぎると感じるので、需要量が減少します。すると供給量が需要量を上回り、ものが余ってしまいます。

そうした事態をふせぐために、一農家あたりの出荷量を制限したり、余った農作物を政府が買いとったりすることもあります。アメリカの場合、余った農作物は途上国への食料支援などに使われています。

下限価格規制は、さらに厄介な問題を引き起こします。

たとえば作物の価格が上がると、農地の価格が上昇します。すでに土地を持っている人はうれしいでしょうが、多くの農家は土地を借りているので、地代の負担が苦しくなります。作物が高く売れても、その分高い地代を払うのであれば、まったく意味がありません。

また、高い地代を避けて周辺の土地を開墾したり、生産量を増やすために有害な農薬を使ったりする人も出てくるので、環境破壊にもつながります。

余った農作物を途上国の食料支援に使うことは、飢餓の解消という意味では有益かもしれません。しかし同時に、その国の農業をだめにしてしまう可能性もあります。大量の農作物がただで送られてきたら、地元の農家はとても太刀打ちできないからです。

価格統制の問題点としては、困っている人とそうでない人を区別しないということもあげられます。上限価格や下限価格は、あらゆる人に影響します。切実に困っている人だけでなく、裕福な人も同じ効果を受けるわけです。

価格問題を解決する手段は価格統制だけではない

価格統制によって政府があらゆる人を助けようとしたら、どうなるでしょうか。すべての生産者のために下限価格を設定し、すべての消費者のために上限価格を設定したら、世の中は幸せになるでしょうか。

旧ソ連がめざしていたのは、まさにそのような経済でした。

その結果、1980年代には、国家予算のおよそ4分の1がさまざまな補助金によって占められることになりました。高い価格で生産者を支援しながら、同時に低い価格で消費者を支援しようとしたからです。

ソ連政府は品不足や過剰な生産コストに苦しみ、闇市場などの問題にも悩まされつづけました。ニキータ・フルシチョフ*元首相は、このように述べたといわれています。

「経済というやつは、どうも人の望みを満たす気がないようだ」

このように述べてくると、次のような疑問を抱く人もいるかもしれません。

「経済学は政治的立場とは関係ないといいながら、やっぱり政治的な主張をしているじゃないか。つまり、政府の介入を否定したいんだろう。価格の上限やら下限やらを批判して、何もせず市場にすべてまかせなさいといっているじゃないか」

誤解しないでほしいのですが、私はあらゆる干渉が悪いといいたいわけではありません。たとえば家賃の問題を解決する方法は、上限価格規制だけではないはずです。

貧しい人が住居に困らないようにするには、生活保護の金額を増やしたり、家賃補助として金券のようなものを配布したりするなどの方法が考えられます。

そうすれば価格統制のように全員を対象とするのではなく、本当に困っている人を支援することができるはずです。

また、供給側にはたらきかける策として、低価格住宅の建設に補助金をだしたり、土地

***ニキータ・フルシチョフ**（1894〜1971）ソビエト連邦の政治家で、スターリンの死後、第４代最高指導者としてソ連共産党中央委員会第一書記と閣僚会議議長を兼ねた

利用に関する法律で低価格住宅を建てやすくしたりするなどの方法も考えられます。

そうすれば安い住宅の供給が増え、不足や過剰を生みだすことなく、手頃な均衡価格に落ち着くでしょう。


農業の下限価格規制については、どうでしょうか。

この政策の目的は、農家が生活に困らないようにすることです。それには価格の下限を決める代わりに、たとえば食品クーポンや学校給食プログラムで、農作物の需要を増やすという方法が考えられます。

たくさん売れるようになれば、農家の収入が増えます。

また供給側にはたらきかける策として、農地面積が一定以下である中小規模の農家に補助金をだすなどの方法が考えられます。

つまり、必要な人に的をしぼって支援するのです。このように対応すれば、農作物が余りすぎて途上国に送らなくてはならないというような事態は避けられるはずです。

価格統制が選ばれる理由は、政策にかかるコストが見えにくいため

それにもかかわらず現実の政治では、あまりよくない政策だからこそ、あえて価格統制

が選ばれる傾向にあります。

なぜなら、政策にかかるコストが見えにくいからです。

経済学者はあらゆる策のコストを検討し、トレードオフを考慮に入れます。ところが、政治家は人びとの目からコストを隠そうとします。

補助金をだしたり税金を優遇したりすると予算の問題が出てきますが、上限価格や下限価格を決めるだけなら、見た目の上ではお金がかかりません。

だから見えにくいコストに目をつぶって、安易に価格統制を選ぼうとするのです。


経済学者はあらゆるコストを考慮に入れます。機会費用も含めてです。

家賃の上限価格規制で家賃が下がれば、一部の人は安い部屋に住めて助かるでしょう。しかしその影には、住宅不足で部屋を見つけることのできない人たちが存在します。また住宅業者も利益をだせずに困ってしまいます。

同様に、農作物の下限価格規制は農家の収入を増やしますが、農家以外の人たちにコストを押しつけることになります。所得の多くない家庭では、必要な食材を買うのに苦労するかもしれません。

また、余った農作物を途上国に送りつけることによって、その国の農作物の売り上げを奪い、農家の人たちを深刻な貧困に追いやってしまうかもしれません。

生産物の不足や過剰によるこうした無駄は、政府のバランスシートに費用として載ることはありませんが、大きなコストとして現実に存在しています。

経済学は、貧しい人びとの敵ではありません。

自由市場を絶対視して、あらゆる介入を否定するものでもありません。

どのような介入が望ましいかについては、経済学者のあいだでもさまざまな意見があります。

しかし、意見の対立を超えて共通しているのは、あらゆる政策について、すべてのトレードオフを考慮に入れようとする姿勢です。

第5章 価格弾力性
――タバコの値上げは誰のためか

喫煙は、お金のかかる行為です。

アメリカの場合、１箱あたり１ドルの連邦税に加え、さらに州の税金が平均で１・45ドルかかってきます。こうした高い税金は、喫煙者を減らすためにあるのでしょうか。それとも、各州や国が税収を増やしたいだけなのでしょうか。

この質問に答えるためには、タバコにかかる税金がタバコの需要量にどう影響してくるかを考えてみる必要があります。

経済学の世界で「弾力性*」と呼ばれているものです。

＊**弾力性**
価格の変動によって、ある製品の需要や供給が変化する度合いを示す数値のこと

経済政策[*]について論じられるようになるには、この弾力性の考え方を理解しておくことが鍵となります。

たとえば、タバコの値段が10％上がったとしましょう。この場合、タバコの需要量は50％減少するでしょうか。それとも2％しか減少しないでしょうか。

需要量の変化率を価格の変化率で割ると、需要の弾力性が求められます。50％減少した場合、タバコ需要の弾力性は5です（50／10）。2％しか減少しなかった場合、タバコ需要の弾力性は0・2です（2／10）。

それではタバコの供給量はどう変化するでしょうか。タバコの値段が10％上がったら、供給量は40％増えるでしょうか、それとも5％でしょうか。

供給の弾力性は、供給量の変化率を価格の変化率で割ることで求められます。したがって40％増えた場合、供給の弾力性は4になります（40／10）。5％しか増えなかった場合、供給の弾力性は0・5です（5／10）。

弾力性が大きいと変化が大きく、弾力性が小さいと変化も小さい

需要と供給の弾力性は、それぞれ3つのケースに分けて考えると理解しやすくなります。まずは、需要の弾力性について見ていきましょう。

＊経済政策
物価の安定や雇用水準の維持、最適な資源配分、所得の再分配といった経済の目標を達成させるための政策のこと

①需要の弾力性が1より小さい

需要の弾力性が低いとき、需要量の変化は価格の変化よりも小さくなります。価格を10％引き上げたとしても、需要量は５％しか減少しないような場合です。

このように弾力性が低くなるのは、たとえばその商品の代用品が見つからないときです。軽い風邪であれば、薬の値段が上がってもジェネリック*などの安い商品で代用できます。しかし糖尿病の場合、インシュリンの値段が上がったからといって、それに代わる薬を見つけることは困難です。そのため、インシュリンの需要は非弾力的なのです。

タバコについても、どっぷりはまっている喫煙者の場合は、需要の弾力性がきわめて低くなります。

*ジェネリック
新薬の開発から一定期間が過ぎ、その特許が切れたあとに発売される同一成分の同効薬のこと。後発医薬品ともいう

②需要の弾力性が1より大きい

需要の弾力性が高いとき、需要量の変化は価格の変化よりも大きくなります。たとえば価格を10％引き上げると、需要量が20％や30％低くなるようなケースです。

このとき需要量はきわめて変化しやすく、価格の変化にあわせて大きく揺れ動きます。典型的なのがオレンジジュースの需要です。オレンジジュースの価格が上がると、人びとはほかのジュースを買ったり、ビタミンＣの錠剤を飲んだりします。代用品があるので、

オレンジジュースの需要は弾力的なのです。

また、タバコの場合も、喫煙歴が短くあまり依存していないのであれば、同じように需要が弾力的になります。

③需要の弾力性がちょうど1に等しい

需要の弾力性が高くも低くもないとき、価格の変化と需要量の変化はちょうど等しくなります。「単位弾力的*」と呼ばれる状態です。このとき価格が10％上がると、需要量はちょうど10％下がります。

次に供給の弾力性について見ていきましょう。

①供給の弾力性が1より小さい

価格の変化が供給量の変化にあまり影響しないとき、供給の弾力性は低いといえます。価格を10％引き上げても、供給量が5％しか上がらないようなケースです。

たとえばピカソの絵は、供給が完全に非弾力的です。どれほど価格が上がっても、供給がこれ以上増えることはありえないからです。

***単位弾力的**
弾力性が1に等しいときのことを指す

そこまで極端な例ではありませんが、原料の入荷量が限られていたり技術者の確保が難しかったりする場合、供給の弾力性は低くなります。

②供給の弾力性が1より大きい

供給の弾力性が高いとき、価格の変化は供給量に大きな変化をもたらします。価格を10％引き上げると、供給量が20％上昇するようなケースです。

たとえば、工場が最大生産量に対して余裕をもって稼働している場合など、生産量を増やすのが簡単なときに供給の弾力性は大きくなります。

③供給の弾力性がちょうど1に等しい

価格の変化が供給量の変化と一致しているケースです。この場合、価格を10％引き上げると、供給量もちょうど10％上昇します。

なぜ弾力性を求めるときには、価格や量そのものではなく、変化率を使うのでしょうか。変化率に着目するのは、世界中のあらゆる市場の状況を簡単に比較できるからです。国がちがえば通貨もちがいますし、量を測る単位もちがってきます。

たとえば、アメリカと日本におけるガソリン需要の弾力性をくらべたいとき、価格や量をそのまま使おうとすると、為替レートを考慮しなくてはなりませんし、単位もガロンをリットルに換算しなくてはなりません。

しかし変化率を使えば、数字を単純に比較するだけですみます。

さらに変化率を使えば、異なる商品やサービスの弾力性を並べて比較することも可能です。ガソリンと牛肉と美容室の需要弾力性を、そのまま比較できるのです。

需要と供給の弾力性がわかると適切な価格がわかる

需要や供給の価格弾力性がわかれば、商品の適切な価格がどのあたりにあるかがわかります。価格を上下させたときに、需要や供給がどう動くかも予測できます。

いくつか例をあげて考えてみましょう。

・需要が非弾力的であれば、商品の値上げが収益アップにつながる。しかし需要が弾力的だと、値上げは収益アップにつながらない

あるロックバンドが、1万5000人を収容できる会場でライブをおこなうとします。話をわかりやすくするために、チケットの売り上げはすべてバンドに入り、旅費や会場費などの費用はすべてバンドが支払うと考えてください。

これらの費用は観客が増えても減ってもとくに上下しません。それから便宜上、チケットの価格はどの席もすべて一律とします。

このときチケットの値段を上げると、買ってくれるファンの数は減るかもしれません。反対にチケットの値段を下げると、より多くの人が買ってくれるでしょう。

さて、このロックバンドの収入を最大限に増やすには、どうすればいいのでしょうか。

ここではまず、そこそこ人気はあるけれど、「何がなんでも見たい」ほどではないバンドのことを考えてみましょう。この場合、チケットの需要は弾力的です。ファンが財布と相談するからです。

したがってチケットの値段を下げれば、買ってくれる人の数が大きく増えますから、チケットを安くしたほうがトータルの売り上げは増えることになります。

一方で、つねにチケットが売り切れるような有名バンドの場合、需要は非弾力的です。いくら払ってもいいから見たいという熱狂的なファンが多いからです。この場合、チケットの値段を釣り上げても需要量はほとんど減りません。

音楽好きな人であれば、過去10年か15年のあいだに有名ミュージシャンのチケット価格が大きく上がったことを、実感できるのではないでしょうか。

もちろん現実の世界では、話はそう単純ではありません。席の種類によって価格が変わりますし、宣伝費用やツアーグッズの売り上げ、ときにはダフ屋の横行など、さまざまな問題が絡んできます。

しかしここでのポイントは、「利益をだすためには適切な価格を設定する必要がある」ということです。好きなだけ高い値段をつければいいというものではないのです。

どんな企業でも、製品需要の弾力性を考慮して価格を決定しなくてはなりません。すこし高く設定してみたり、値下げしたりして、顧客の反応を見ながらちょうどいい価格を探っていくのです。

・需要も供給も短期的には非弾力的だが、長期的には弾力的であることが多い

ガソリン需要について考えてみましょう。

ガソリン価格が上がったら、需要はどう変化するでしょうか。

現実的に考えれば、すぐにガソリンの使用量を減らすことは困難です。なるべく一度の外出で用事をすませたり、近場であれば徒歩や自転車で行ったりするという手もありますが、それほど大きく減らすことにはつながりません。

ですから、短期的にはガソリン需要は非弾力的であるといえます。

しかし、長期的にガソリン価格の高騰がつづいた場合、もっと抜本的な対策の可能性も出てきます。たとえば車を買い換えるときに、燃費のいい車種を選ぶのも1つの手です。近所の人とカーシェアリングをしてもいいでしょう。体を鍛えてつねに自転車で移動するのもいいかもしれません。そのほか車で通勤しなくていいように、会社の近くに住むという選択肢も考えられます。

供給の弾力性についても、同じことがいえます。

1カ月で生産量を倍にしろといわれてもなかなかできませんが、数年間といった長期的な話であれば容易に生産量を増やせます。短期的には製品の供給は非弾力的ですが、長い時間をかけることができるなら、供給はきわめて弾力的になりうるのです。

価格弾力性のこうした性質を考えれば、世の中の価格が不安定に揺れ動く理由も理解できます。たとえ価格が跳ね上がったとしても、すぐには需要量や供給量が適応できないのです。

しかし長い目で見れば、需要量も供給量もしかるべき反応を示し、価格は均衡点に近い位置へと落ち着いていきます。もちろん均衡点でぴたりと停止することはありませんが、傾向としては均衡点にだんだん近づいていくのです。

・需要が非弾力的なとき、コストの増加は消費者の負担となる。需要が弾力的なとき、コストの増加は生産者の負担となる

エネルギーの価格が上がると、生産にエネルギーを必要とするもの（あらゆるものはそうですが）の価格が上がったり、世の中に出回る量が少なくなったりします。

しかし注意深く見てみると、価格の上昇が目立つものと、生産量の低下が目立つものに分かれることがわかります。コストの増加分を消費者に引き受けてもらって生産量を保つか、コストの増加分を企業が引き受けて生産量を減らすかのちがいです。

具体的な例で考えてみましょう。

喫茶店はコーヒー豆を仕入れなくてはなりませんが、コーヒー豆の価格が上昇したときに、それを価格に上乗せして消費者に負担してもらうことは可能でしょうか。

つまりは、コーヒーの需要は弾力的なのか、それとも非弾力的なのかという問題です。たとえば消費者が割高なコーヒーをあきらめて、お茶などの代替品を選ぶことはあるでしょうか。あるいは節約のために、自宅でコーヒーをいれるようになるでしょうか。

喫茶店にとっては残念な話ですが、いずれも答えはイエスです。

コーヒーの需要はかなり弾力的であり、ちょっとした値上げが大きな売り上げダウンにつながります。そのため、消費者に負担してもらえるコストは多くありません。

ここで本章の最初の問題に立ち戻ってみましょう。タバコの税金を引き上げたら、売り上げはどうなるかという問題です。

税金は、原材料の価格と同じく投入原価です。つまり、ものを売るために必要なコストです。そしてタバコは嗜好品であり、生存に必要なものではありません。本来ならカプチーノと同じように、すぐ切り捨てられるはずのものです。

ところが、多くの喫煙者はタバコに依存しています。タバコに代わるような代替品はほとんどありません。ですからニコチン中毒の人は、どれだけ価格が上がってもタバコを買おうとします。

つまりタバコ需要は、非弾力的なのです。

これを裏づけるデータもあります。タバコの価格を10％値上げしても、需要量はたった3％しか下がらなかったのです。

したがって、タバコの税金を引き上げたとき、そのコストを負担するのは企業ではなく消費者であるということになります。コストを価格に上乗せしても、消費者はそれまでと変わらずタバコを買ってくれるからです。

違法ドラッグについても同じように考えることができます。麻薬を禁止する法律が厳しくなると、生産と流通にかかるコストはそれだけ大きくなります。ですから麻薬の取り締まりについての議論は、必然的に麻薬の価格弾力性をめぐる議論になってきます。

一部の人は、規制を強化すれば麻薬の売り上げは減るだろうと主張します。麻薬の需要は弾力的であり、価格が上がれば人びとは麻薬をやめると考えているのです。

しかし逆の意見もあります。麻薬の需要は非弾力的であり、価格が上がっても人びとは買いつづけるはずだという意見です。そうであれば規制を強化したところで、消費者の負担するコストが増えるだけに終わってしまいます。

なお、違法ドラッグについては市場の実態をつかむことが難しく、どちらが正しいかを裏づけるだけのデータは得られていません。

価格の変化率に対して数量がどう変化するかを見れば弾力性がわかる

弾力性の考え方は、ほかにもさまざまなケースに当てはめることができます。

たとえば、年金の支給額を切り下げたら高齢者は働くようになるのか、という問題があります。弾力性の観点からいえば、この問題はこういい換えることができます。

「年金の支給額を何％か減らしたら、労働時間は何％増えるだろうか？」

あるいは所得税率を引き下げたら人びとがもっと働くようになるという意見もありますが、これも同じように考えることができます。

つまりは弾力性の問題なのです。

価格の変化率に対して数量がどう変化するか、それを考えればいいのです。

アメリカでは貯蓄率を上げるために、個人退職年金*や４０１ｋ*などの積み立て口座に対して、税額を控除するというアプローチがあります。

しかし、それで本当に貯蓄率が上がるのでしょうか。

これも弾力性の観点から、「貯蓄の利益率が上がったら、貯蓄率はどう変化するのか」と考えてみることができます。

資本の供給曲線については議論の余地がありますが、少なくともここ数十年の動きを見るかぎり、金利や利益率に対する貯蓄の弾力性は低いといえます。

つまり、貯蓄はなかなか増えないということです。税額控除を導入しても、既存の口座

＊個人退職年金
アメリカ合衆国で、自営業者などの個人が老後の資金を積み立てる貯蓄制度

＊４０１ｋ
アメリカ合衆国の企業年金の一種。日本の確定拠出年金のモデルにもなっている

から非課税の口座にお金が移動するだけで、全体の貯蓄率はそれほど変化しないのです。「値段を変えればいいのだ」と自信満々に語る人たちは、要するに「価格弾力性が高い」ということを主張しているのと同じです。価格を変えたら数量が大きく変わるはずだという考え方です。

要するにタバコの税率引き上げは、タバコ需要の弾力性に関する議論なのです。同様に、代替エネルギーに対する補助金は、供給の弾力性に関する議論です。年金の支給額や所得税率の引き下げは、労働時間の弾力性に関する議論です。また貯蓄の税額控除は、貯蓄率の弾力性に関する議論なのです。

もちろん、実際にある商品の弾力性を正しく見積もるためには、大量の資料を読みあさらなくてはならないでしょう。酒税の効果やハイブリッド車の売り上げ促進について、統計的に弾力性を見積もるのは簡単なことではありません。

しかし、需要や供給の弾力性という考え方を知っておくだけでも、目の前の問題をクリアに理解することができます。そしてその政策の効果について、より説得力のある意見を組み立てることができるはずです。

第６章 労働市場
——給料はどのようにして決まるのか

経済は、どれだけの商品やサービスが生みだされたかという視点から語られることが多いと思います。しかし逆に、生みだすための労働から経済を見てみることも可能です。人びとが毎朝起きて職場に行って仕事をすること、それもやはり経済なのです。

労働市場を理解する鍵は、財市場と同じく、需要と供給です。財市場では商品やサービスの価格に注目しましたが、労働市場では賃金が価格にあたります。財市場にさまざまな商品やサービスの市場があるのと同様、労働市場にも実にさまざまな市場が存在します。看護師の市場やコンピュータプログラマーの市場など、ありとあらゆる職業の市場です。

しかし、財市場と労働市場には1つ大きなちがいがあります。財市場では、企業が供給者であり、個人や家庭が需要者でした。一方、労働市場では、個人や家庭が供給者であり、企業が需要者になります。

労働の需要は短期的に非弾力的で、長期的に弾力的

まず、労働市場の需要について考えてみましょう。

労働市場における需要とは、賃金と、雇用側が求める労働力の数量との関係性です。賃金が上がると、求人の数は少なくなります。商品の価格が上がったときにあまり売れなくなるのと同じです。企業は利益を上げなくてはなりませんから、労働の単価が上がると労働者の数を減らそうとするのです。

賃金の上昇によってどれくらい労働の需要量が減るのかという問題は、労働需要の価格弾力性によって決まってきます。

労働の需要は、短期的に見ると非弾力的です。いったん雇った人間は、そう簡単に手放すことができないからです。

しかし長期的に見ると、労働の需要はかなり弾力的になります。生産プロセスを見直し、大規模な削減をおこなうことがあるからです。たとえば、新たな製造機械やテクノロ

ジーを導入して、労働者の数を一気に減らすことなどが考えられます。

商品の需要について考えたときと同じ問いが、ここでも持ち上がってきます。労働の需要が変化するのは、どのようなときでしょうか。

需要量ではなく需要ですから、賃金の変化は関係ありません。賃金が上がると需要量は下がるかもしれませんが、需要曲線は動きません。では、需要そのものが増えたり減ったりするには、どのような要因が考えられるでしょうか。

まず、生産物に対する需要の変化は、労働の需要を動かします。商品やサービスがたくさん求められるようになれば労働の需要は増えますし、商品やサービスを誰も買ってくれなければ労働の需要は減ります。

たとえば、誰もクラシックコンサートに行かなくなったら、オーケストラは解散し、音楽家の働き口がなくなります。人びとがアメリカ車にしか乗らなくなったら、ドイツ車専門の修理屋は仕事にあぶれてしまいます。

技術の変化はどうでしょうか。過去数世紀にわたって、労働者は新たな技術を脅威に感じてきました。便利な技術によって人の手が必要なくなり、職を失うのではないかと考えていたのです。

しかし歴史を振り返ってみると、たしかに新技術によって廃れた仕事もありますが、一方で技術が新たな業種や職種を生みだしてきたのも事実です。技術の進歩は労働の生産性を高め、むしろ労働者の賃金を押し上げる結果となっています。

企業が人を雇うかどうかは、結局のところ生産性によって決まってきます。賃金に見合うだけ人を雇うことで、どれだけのものが生みだされるかということです。賃金をはるかに超える成果を上げていれば、ほかの企業がやってきてその労働者を高い賃金で雇うことでしょう。

そのようにして賃金が調整される結果、全体として見れば、労働が生みだすものの価値が賃金を決定することになります。

労働の供給はフルタイムで非弾力的、パートタイムで弾力的

今度は、労働市場の供給に目を向けてみましょう。

労働市場における供給とは、賃金と、労働の供給量との関係性です。

賃金が上がれば、労働の供給量は増えます。たくさんお金がもらえるなら、働きたいと思う人が増えるからです。賃金の上昇が具体的にどれだけ労働の供給量を増やすかについては、これも弾力性の問題になってきます。

フルタイムの労働者（週に40時間程度働いている平均的な労働者）についていえば、労働の供給は非弾力的です。賃金が10％上がっても、労働時間が10％増えることはありません。多くのフルタイム労働者は、労働時間を自由に決められないからです。

一方、パートタイムの労働者についていえば、労働の供給はより弾力的になります。賃金が10％上がると、労働時間は10％よりも大きく増える傾向が見られます。

それでは、労働の供給は何によって増えたり減ったりするのでしょうか。

人口が増減すると、労働の供給曲線が動きます。つまり、労働力としての人の数が増えると、賃金にかかわらず全体的に労働の供給量が増えていくのです。

また人口構成の変化も、労働の供給を変化させます。たとえば社会が高齢化を迎えている場合、退職して働かない人が多くなるので、労働の供給は減ります。

さらに、社会的風潮も労働の供給に影響を与えます。たとえば誰を労働力と捉えるか、という問題です。１９７０年代のアメリカでは、それまで家庭で主婦をしていた女性たちが外に出て働くようになり、労働の供給が全体として大きく増加しました。

なお、労働の種類によって求められる技術は異なります。職種によって、それぞれ独自の市場が形成されるからです。看護師には看護師の市場があり、エンジニアにはエンジニアの市場があります。

そうした各市場において、労働の供給量と需要量がちょうど同じになるポイントが、賃金の均衡点となります。

労働市場が抱える４つの問題

こうした労働の需要・供給モデルを頭に入れて、労働市場に関するいくつかの問題を考えてみましょう。最低賃金*、労働組合、差別、それに福利厚生の問題です。

①最低賃金

アメリカでは、１９３０年代にはじめて全国的な最低賃金が導入されました。

それ以来、最低賃金を引き上げるべきか否か、そしていくら引き上げるべきかという議論が絶え間なくつづいています。

最低賃金は、一種の下限価格規制です。それより低い賃金で雇うことを禁止するものだからです。下限価格規制について見てきたことを思いだしていただければ、それが労働需要量の低下につながることが予想できると思います。

***最低賃金**
最低限支払わなければならない賃金の下限額のこと

つまり、最低賃金が上がると、企業はそのレベルの非熟練労働者をあまり雇おうとしなくなります。一方、働きたいと思う人の数は増えるはずです。

実際、最低賃金が10％上昇すると、アメリカ国内の非熟練労働者の失業率が１〜２％上がるという調査結果もあります。ただし、その影響はきわめて小さなものであり、別の調査によると有意な差は見られないともいわれています。要するにアメリカでは、最低賃金が均衡点を大きくはずれていないといっていいでしょう。

しかし、具体的な政策の話になると、最低賃金の引き上げは微妙な問題になってきます。なぜならほかのあらゆる問題と同様、トレードオフを考慮しなくてはならないからです。最低賃金のトレードオフは、引き上げの賛成派と反対派の双方にとって、あまり気持ちのいい話題ではないようです。

最低賃金引き上げが仕事を奪うという意見には、次のように反論することができます。まず、最低賃金を20％引き上げたとき、非熟練労働者の求人数が４％減るとしましょう（実際のデータに照らした妥当な数字です）。これは裏を返せば、96％の非熟練労働者が高い賃金を受けとれるという意味です。

低賃金の非熟練労働者はたいていパートタイムなので、おそらく平均労働時間は４％少なくなるでしょう。その代わりに、時間あたりの賃金が20％アップするわけです。

この場合、最低賃金によって求人数や労働時間が減るとしても、やはり大多数の非熟練労働者は得をすることになります。

それまでよりも短い時間で、多くの賃金を稼げるからです。

それでは最低賃金引き上げがいいことばかりかというと、そんなことはありません。

本人へのインパクトということで考えると、仕事が見つからない状態というのは非常に大きなコストです。

一方、賃金がすこし上がることは、（失業にくらべれば）それほど大きな利益ではありません。ですから見方によっては、大多数の人の小さなメリットよりも、少数の人の大きなダメージのほうが深刻であるとも考えられます。

また、最低賃金引き上げのコストは、社会全体が等しく負担するものではありません。多くの場合、そのコストは、もともと貧しい人たちに大きく降りかかってきます。

さらにそうした低賃金の仕事は、数ある仕事のなかでも、もっともやさしいレベルに位置します。そうした入門レベルの仕事が見つかりにくくなると、技術のない労働者が社会に出ていくための足がかりがなくなってしまいます。

このように考えると、最低賃金の引き上げは多くの人にささやかな利益をもたらす一方、仕事が見つからない人たちに対して非常に大きな苦難を強いるものであるといえます。

ただし、労働の価格を引き上げる方法は、最低賃金のほかにもあります。多くの経済学者は最低賃金よりも、こちらの選択肢を好みます。需要と供給の効果を邪魔しないからです。

選択肢の1つは、非熟練労働者の賃金を上げるために、労働者の教育訓練に投資するというやり方です。教育を受けた労働者は技術を身につけて、より給料の高い仕事に移っていきます。すると低賃金労働の供給量が減り、賃金の上昇につながります。

あるいは非熟練労働者に対して、勤労所得控除*などの直接的な支援を提供するという方法もあります。所得が一定以下の労働者に対して、税制面で優遇するのです。そうすれば雇用者に負担させることなく、労働者の使えるお金を増やすことができます。

*勤労所得控除
アメリカ合衆国の低所得者に対する所得税の軽減措置

②労働組合

労働組合も、何かと議論を呼ぶテーマです。悪いイメージを持っている人も少なくないと思います。しかしまずは先入観を抜きにして、労働組合というものが経済のなかでどのような役割を果たしているのかについて考えてみましょう。

労働組合には、おもに2つの役割があります。

1つは、契約交渉を通じて組合員の賃金を上げることです。交渉がうまくいかなければ、ストライキを起こすこともあります。

ただし、労働組合があまりに強硬な姿勢をとっている場合、経営者側はやがて労働組合を縮小させるような手だてを講じてきます。たとえば、機械を導入して現場の人員を削減したり、労働組合とかかわりのない外部の業者に仕事を委託したりします。

その結果、強硬派の労働組合はだんだん力を失い、衰退していきます。アメリカの鉄鋼業や自動車業界の労働組合は、おおむねこのような道をたどってきました。

もう1つの役割は、労働者を支援して生産性を上げることです。

これには研修のようなわかりやすい形もあれば、職場に連帯感を生み、一人ひとりの意識を高めるといった抽象的なとりくみもあります。労働組合は現場の声を代弁し、困っていることがあれば雇用側に伝えることもします。


こうした2つの役割は、会社への影響という点から見ると、一見矛盾しています。いわば協力的なジキル博士と、反抗的なハイド氏が同居しているかのようです。

しかし多くの労働組合は、時と場合に応じてどちらの役割も果たしています。労働組合が経済にとって「いい」か「悪い」かという問いは、ものごとを単純化しすぎているといえるでしょう。実際、市場主義で動いている高所得国のなかでも、労働組合が十分に機能している例はいくらでもあります。

とくにヨーロッパでは、労働組合加入率がアメリカよりもかなり高い傾向にあります。アメリカの労働組合加入率は１９５０年代には33％でしたが、２０００年代になると13％にまで低下しました。

しかしイギリスやイタリアでは、現在でもおよそ40％の労働者が組合に加入しています。北欧はとりわけ加入率が高く、70％から80％になる国もあります。

それらの国々の経済に問題がないとはいいませんが（どんな国の経済にだって問題はあります）、彼らの暮らしが世界のなかでも高い水準にあることは疑う余地がありません。

逆に労働組合が衰退したアメリカにおいて、有益な現場の声が失われていないかどうか振り返ってみたほうがいいかもしれません。

③差別

労働組合よりもさらに厄介な問題が、差別です。

労働市場における差別の問題は、時に強い感情的反応を引き起こします。経済の立場からいうと、労働市場における差別とは、性別や人種、年齢、宗教といった要素のせいで、雇用機会が奪われたり、給料がほかの人よりも低くなったりすることを意味します。需要と供給の枠組みから見れば、偏見によって特定の人口層に対する労働需要が減ることといってもいいかもしれません。

しかし経済学の世界では、雇用差別をもっと多角的に見る必要性が指摘されてきました。単純に雇用主の偏見の問題であるとは、いいきれないということです。さらに場合によっては、市場のしくみそのものが差別を解消する方向にはたらくこともあります。

たとえば、ある特定の共通点を持つ人たちが、実際に生産性が低いせいで低賃金になっているとします。彼らは過去に満足な学校教育が受けられなかったり、その職種はふさわしくないという偏見のせいで若いうちに経験を積めなかったりしたのかもしれません。ですがこの場合、賃金に差があること自体は差別とはいえません。差別は労働市場の外で、人生のもっと早い時期に起こっていたからです。

もちろん実際に、差別のせいで賃金の格差が起こることもあります。同じような成果を上げているのに、雇用主の偏見のせいで給料が低くなっているグループがあるとしましょう。その会社は明らかに差別的な扱いをしています。

一方、偏見のない雇用主にとっては、そうした低賃金のグループは魅力的な働き手です。仕事ができて、ほかの人よりも賃金が割安だからです。

そのため偏見のない雇用主は、差別のある職場よりもいい給料をだして、そうした人たちを雇うでしょう。市場のしくみが、自然に差別を解消する方向にはたらくのです。

この場合は、雇用主が差別的でない行動をとることによって、雇用する側もされる側も得をすることになります。


しかし、市場のしくみが差別を助長してしまうケースもあります。

たとえば、大事な顧客が非常に差別的であったとしましょう。

特定の人種に強い偏見を持っていて、その人たちとの取引を嫌がる顧客がいるかもしれません。彼らはその人種の人たちとつきあうよりも、そうした人たちと出会わなくてすむような企業との取引を好むでしょう。

あるいは会社のなかに強い偏見を持った従業員がいるとします。彼らは自分の嫌いな人たちと働くことを不快に思い、やる気をなくして生産性が下がってしまうかもしれません。

このような顧客や従業員がそれなりの影響力を持っている場合、たとえ経営者が偏見のない人だとしても、その会社は差別的な行動をとることがあります。

雇用差別をしたほうが、社内の生産性も上がり、売り上げも伸びるからです。

もう1つ、同じスキルや能力を持ちながら、給料の低い職種に追いやられるという形の差別もあります。女性差別にありがちなケースです。

昔から女性は、昇進の見込めない低賃金の職種につくことが当然とされる風潮がありました。たとえ能力に差がなくても、男性のほうが高収入で前途有望な職種に割り当てられがちでした。

このような差別は、キャリアの非常に早い時期にはじまっています。そのため、すべての人がその能力に応じた道を選べるようにするには、新卒など未経験採用の段階や、教育の段階から見直していく必要があります。

このように雇用差別は、複数の要因が絡みあった問題なのです。

単純に会社のせいとはいいきれませんし、起こるタイミングも一定ではありません。それを助長する要素もさまざまです。

差別が存在することは明らかですが、それを雇用主のせいにするのは的確とはいえませんし、解決にもつながりません。差別を解消するためには、それがどの時点でどのように起こっているのかということを、正しく理解することが必要なのです。

④福利厚生

最後にもう1つ、福利厚生の話をしましょう。

ここまで労働の価格を賃金として捉えてきましたが、現代の労働市場においては、賃金だけでなく福利厚生も報酬の大事な一部です。

従業員は、福利厚生の充実した会社を好みます。医療保険料や年金保険料などを、会社に負担してもらえるからです。

しかし会社側にしてみれば、給料を払うのも保険料を払うのも、とくに変わりはありません。労働市場における均衡賃金とは、雇用主から見れば、福利厚生を含めた全体の費用を指しているからです。

たとえば労働組合が賃金交渉をするとき、会社側から「賃金アップか福利厚生の充実か」の選択を迫られるのはそのためです。雇用主にとっては、どちらの形で支払うことになろうと関係ないのです。

アメリカの民間企業で働く人は、報酬のおよそ70％を賃金の形で受けとります。

そして残りの30％は福利厚生です。その内訳は、たとえば全体の10％が年金やメディケア*（高齢者向け医療保険）など退職後の備えで、6％が休暇、6〜7％が医療保険といった具合です。

また忘れがちですが、そうした一見気前のいい福利厚生の費用を支払っているのは、従業員自身です。つまり自分の給料の一部を削って、そうした費用に充ててもらっているのです。

仕事をしていると、雇用主との関係性という枠組みから給料や福利厚生を捉えてしまいがちになります。もちろん仕事は大事な社会的つながりであり、あなたと会社とのかかわりあいであることは否定しません。

ただし、給料や福利厚生を決めるのは、上司の個人的な好みでもなければ経営者の気前のよさでもありません。何らかの公平性の観点から決まっているわけでもありません。

結局のところ、労働とは市場です。

あなたの受けとる給料や福利厚生は、会社の好意のようなものではなく、単にあなたが生みだすものの価格なのです。

***メディケア**
アメリカ合衆国の高齢者または障害者向け公的医療保険制度

第７章 資本市場
――どうして利子を払うのか

お金に対しては、古くから根強い偏見があります。

中世ヨーロッパでは、利子をとることは罪であるとされ、ローマ・カトリック教会によって利子つきの金貸しが禁止されていました。現在でも、イスラム圏の一部では利子を禁止している国があります。

そうした国で銀行業を営むのは、なかなか大変なことでしょう。

一方、財市場や労働市場では、人びとが価格や賃金に文句をいうことはありますが、お金の支払いを悪いことだと考える風潮はありません。しかし利子に関していえば、どこかまちがったことであるような感じを抱く人が多いようです。

利子は、資本市場における価格です。

なのにどうしてそれが、ネガティブなイメージを呼びおこすのでしょうか。


理由の1つは、おそらく資本市場において取引されるものが、とても見えにくい性質のものだからでしょう。商品やサービスは、具体的に目に見えるものです。また労働は、日々の暮らしのなかで直接体験しているものです。

したがって、どちらも実感として理解できます。

しかし利息の支払いや、投資の収益となると、抽象的でつかみどころがありません。

要するに資本市場の動きは、目に見えにくいのです。


「投資」という言葉も混乱の元になっています。いくつかの異なる意味に使われるからです。株や債券などの金融商品を買うことを「投資」ということもあれば、企業が機械や工場を買うことを「投資」ということもあります。

前者の意味で使うとき、投資する人は金融資本の供給者です。最小のリスクで最大のリターンを得ることを目的としています。後者の意味で使うとき、投資する人は企業であり、金融資本の需要者です。金融資本を使って機械などの実物資産を購入します。

つまり「投資」という言葉は、供給側と需要側の両方に使われているのです。混乱するのも無理はありません。

そうした混乱を避けるために、ここでは金融資本の供給を「金融投資」と呼び、金融資本の需要側、つまり企業が実物資産を手に入れることについては「物的投資」と呼ぶことにします。

利率が低ければ資本の需要量は増え、高ければ減る

財市場や労働市場と同じく、資本市場も需要と供給の枠組みで理解することができます。

資本市場における供給者はお金を貯蓄する人で、ふつうは家計を指します。

企業も貯蓄をおこないますが、そもそも企業は株主（つまり家計）が所有しているものなので、家計になりかわって貯蓄していると考えることができます。

そして資本市場における供給とは、家計が供給する金融資本の量（つまり人びとの貯蓄額）と、その対価である収益率との関係性を指します。

収益率については、わかりやすい例として金利をおもに使って説明していきますが、株式投資による利益などもここに含まれます。

需要と供給の枠組みから考えると、金融資本の供給量は収益率に応じて増えるように思われます。価格が上がると、供給量が上がるはずだからです。

ところが実際には、収益率が上がっても人びとの貯蓄率が跳ね上がるということはありません。

それよりもむしろ、習慣や文化的な影響のほうが強いようです。あるいは確定拠出年金*のマッチング拠出（雇用主が拠出金の一定割合を上乗せで支払うこと）のような制度も、貯蓄率の増加に影響してきます。

資本市場における需要とは、お金を借りる側の需要量と、それに対して支払う対価との関係性です。誰かが今すぐに資金を必要としていて、それに対して利息を払ってもいいと思うとき、金融資本の需要が発生します。

したがって利率が低ければ、金融資本に対する需要量は増えます。

これは車の購入を思い浮かべてもらうとわかりやすいでしょう。

どうせ車を買うなら、ローンの利息が高いときよりも、低いときに買ったほうが得です。それと同じように、企業が工場や設備に物的投資をおこなう場合も、低い利息でお金が借りられるタイミングのほうが得なのです。

***確定拠出年金**
毎月一定のお金を積み立て、その資金の運用結果で給付額が決まる年金制度。アメリカ合衆国の企業年金では従業員が掛け金を払い、雇用主は任意で一定割合を上乗せする

財市場や労働市場と同じように、資本市場の需要曲線と供給曲線を合わせると、均衡点が見えてきます。金融資本の需要量と供給量が一致する点です。

このときの収益率が、**均衡価格**[*]となります。

資本市場にも、財市場や労働市場と同じく、さまざまな種類の市場が存在します。市場の種類を分ける一番のポイントは、「金融投資を受けるのは誰か」という点です。投資を受けるのが大企業なのか、中小企業なのか、あるいは個人や政府なのかということです。

また、金融投資を受ける人の財務実績もかかわってきます。

これまでにしっかりした返済実績があるか、あまりよくない実績か、それともまったく実績がないかといった分け方です。さらに、いずれ返済される融資なのか、それとも株式の購入なのかというちがいもあります。

こうした数々の要素が、資本市場における需要と供給、および収益率を形づくっていくのです。

割引現在価値で異なる時点のお金の価値を比較する

資本市場の動きを理解するための鍵は、時間差です。

＊均衡価格
需要と供給が自然に釣りあう価格のこと

買い物や労働は、その時点でおこなわれるものです。

しかし、金融資本を受けとるとき、つまりお金を借りるときは、あとで支払うはずのお金をその時点で受けとります。これは個人が学費ローンや住宅ローンを借りるときもそうですし、企業が機械を買うために融資を受けるときも同じです。

供給側から見ると、貯蓄をするということは、手もとのお金をとりあえず誰かに使わせておいて、あとで返してもらうということです。つまり、将来そのお金と利息が受けとれることを期待して、相手にお金を渡すのです。

しかし今の時点で借りたお金は、返す時点でどれくらいの価値を持つのでしょうか。

経済学では「割引現在価値*」という考え方を使って、異なる時点でのお金の価値を比較します。割引現在価値とは、将来のある時点で受けとれるはずのお金を、今すぐ受けとったらどれくらいの価値になるかを表すものです。

具体的な例でいうと、たとえば1年後に受けとれるはずの100ドルは、現在ではどれくらいの価値を持つでしょうか。

仮に銀行預金の金利が10%だとしましょう。電卓をとりだして計算してみると、今の時点で90・91ドルを銀行に預ければ、1年後に100ドルになることがわかります。

＊割引現在価値
ある将来に受け取れる価値が、もし現在受け取れたとしたらどの程度の価値を持つかを表すもの

ということは、1年後の100ドルは、現時点では90・91ドルの価値しか持たないことになります。

それでは2年後の100ドルは、現在どれくらいの価値を持つのでしょうか。

金利が10％だとして、また電卓で計算してみると、82・64ドルになります。

どうやって計算するかというと、（1＋利率）を年数分だけべき乗したもので将来価値を割ります。すなわち「割引現在価値＝将来価値／（1＋利率）年数乗」です。

もしも、将来の異なる時点で何回かの支払いがあるなら、それぞれの支払いについて割引現在価値を計算し、それを足し合わせることで現在の価値が求められます。

割引現在価値は、ビジネスや金融の世界で非常によく使われる考え方です。

企業が設備投資をするときもそうです。企業は将来それを使って生産したものが、どれだけの価値に相当するかということをかならず考えます。

たとえばある企業が、200万ドルをだして新しい工場を建てるとしましょう。

5年後に300万ドルの収益につながる見込みがあるとします。

この場合、300万ドルをそのまま現在の価値とくらべるわけにはいきません。5年後の300万ドルが、現在の価値でどのくらいになるかを計算して比較する必要があります。

割引現在価値に直したうえで、200万ドルの投資に見合うかどうかを検討するのです。

住宅ローンを組むときにも、割引現在価値は欠かせない考え方です。

たとえば30年ローンを組もうとすると、支払い総額は購入価格よりずっと大きくなります。なぜ利息だけで、こんな金額になるのかと驚くくらいです。

しかし割引現在価値を考えてみると、筋の通った価格であることがわかります。

利息を含めた30年間の支払い総額を割引現在価値に換算してみると、家の購入価格にぴったり一致するからです。

利息を払うのがいやなら、一括で今すぐに支払うしかありません。そうすれば時間による割引が発生しないので、現在の価格だけで購入できます。ですが、現時点で一括で払っても、時間をかけて利息を払っても、トータルの価値は同じです。

私だったら今すぐ払うのは困難なので、ローンを組むことを選ぶと思います。

しかしいずれにしても、支払っている金額の割引現在価値は変わらないのです。

政府の政策についても、将来の利益を期待して何かを買ったり建てたりする種類のものが多くあります。

たとえば、環境政策の多くは、将来の環境をよくするために現在のコストを引き受けるものです。交通安全のために高架道路をつくるのも、将来の人命を救うためです。子どもたちを教育するのも、やがて優秀な人材になってもらうためです。

こうした政策を考えるときは、割引現在価値を利用した損益の見積もりが欠かせません。


もう１つ、ちょっと意外な例が、宝くじです。

アメリカの州営宝くじでは、高額の当選金を分割払いで受けとるのが一般的です。どの宝くじも超高額の当選金を売りにしていますが、実はその当選金額は、分割払いで30年にわたって受けとった場合の総額で表示されていることが多いのです。

現在の価値はどこにも書かれていません。利息込みの金額だけです。

数年前にニュージャージー州で宝くじについて審議がおこなわれたとき、この現在価値の問題が注目を浴びました。高齢の当選者に当選金の一括受けとりを認めようという話だったのですが、それにともなって、価格の表示がおかしいという指摘がでてきたのです。

結局、宝くじの運営委員会は、宣伝している金額が割引現在価値とは異なることを認めました。そして、一括で受けとった場合の金額は、３分の２程度まで目減りすることがわかりました。

もちろん3分の2といっても十分に大きな金額です。しかし、誇大広告であることは否めません。あえて現在の価値ではなく30年の総額を使い、本来の金額よりも大きく見せかけているのですから。

企業の資金調達方法は大きく分けて3つある

資本市場の基本的なしくみがわかったところで、金融資本の需要者である企業に目を向けてみましょう。

企業が設備投資をおこなうとき、資金の出どころにはいくつかの種類が考えられます。

①内部留保の活用

1つは内部留保*です。商売で得た利益のうち、配当金として株主に還元するのではなく、企業の内部に保持するものを内部留保といいます。

外部の人びとの代わりに企業自身がお金を貯めて、自分に投資していると考えてもいいでしょう。歴史の長い企業では、こうした内部留保が設備投資のおもな資金源になります。

＊内部留保
企業の利益のうち、配当などで外部に支払わず手元に残しておく利益

②銀行の融資と債券の発行

資金を外から借りてくることもあります。

このときお金を借りる方法は２つあります。

銀行から借りるか、**債券**（企業の場合は社債）を発行するかです。銀行の融資についてはとくに難しいことはないと思いますが、債券はすこしわかりにくいかもしれません。

債券は、３つの要素でできています。**額面価格**と、利率と、期間です。

たとえば、額面価格が１０００ドルで、利率８％、期間が10年間といったようにです。

この債券の場合は、10年間にわたって８％の利子が支払われ、10年後の期限がやってきたら、額面価格の１０００ドルが返済されることになります。

債券というのは銀行の融資と同じく、お金を借りるための手段にすぎません。

ただし、債券は銀行から借りる代わりに、さまざまな購入者から借りることができます。

債券の購入者は個人であったり、年金基金のような組織であったり、あるいは投資会社であったりします。もしも期間の満了後に債券の払い戻しができなかったら、破産宣告を受けて会社が他人の手に渡ることもあります。

もちろん借りる側の企業は、十分な利益が出ることを計算したうえでお金を借ります。

＊債券
国や企業が、不特定多数の人から資金を借りるために発行する一種の借用証書

＊額面価格
債券や証券などの名目上の価格

設備投資による将来的な利益が、支払う利息よりも大きくなければ意味がないからです。

債券の利率は、リスクの大きさによって変わってきます。

ウォルマートなどのきわめて収益力の高い企業は、比較的低い利率で債券を発行することができます。まずまちがいなく返ってくるだろうと、人びとが考えているからです。

国が発行する国債についても（少なくとも信頼のある国においては）、利率は低く抑えられます。

一方、企業の経営状態が不安定であれば、債券の利率はかなり高くなります。

そうしたリスクの高い高利率の債券は、一般にジャンク債*とも呼ばれています。

③株式の発行

もう1つ、企業が資金を調達する方法があります。株式の発行です。

株を売るということは、会社の所有権の一部をその人に付与するということです。

たとえば、ある企業の株式の総数が100株だとして、あなたが20株持っているとしたら、あなたはその企業の20%を所有していることになります。

そのため企業が利益を配当として支払うとき、株を持っている人はその割合に応じて配当金を受けとれます。また会社が買収された場合、株主はその所有割合に応じて売却価格

***ジャンク債**
「投資不適格」と格付けされた、リスクの高い債券

の一部を受けとることができます。

株式は債券とちがって、決まった利率もなければ、定期的な支払いがおこなわれる保証もありません。株を持っていても、何ひとつ受けとれない場合もあります。

また株の売買による利益は、債券よりも大きいこともありますが、小さいこともあります。損をすることも少なくありません。


設立してまもない小さな会社は、資金調達の手段としてよく株式の発行を用います。そうした小さな会社にとっては、ベンチャーキャピタルやエンジェル投資家などが有望な株主となります。若い会社に対する資金提供を進んでおこなっているからです。

会社がいくらか大きくなってくると、成長を支えるためにもっと多額の資金の注入が必要になってきます。そこで株式を公開し、市場で売買できるようにします。

会社がさらに大きくなり、成長も落ち着いてくると、株式よりも内部留保や債券、銀行の融資を使うことが多くなります。よほど大規模な話（別の企業を買収するなど）でないかぎり、株式を新しく発行することはありません。

株式は好きなだけ発行すればいいというものではないのです。

株を売れば、会社の所有権の一部が他人の手に移ります。

つまり、株式の発行数が増えれば増えるほど、会社は多くの人たちの手に分割されていくことになるのです。

たとえば、全部で100株だったものを翌年200株に増やしたら、もともと株を持っていた人の持ち分は目減りします。そうすると株主はおもしろくありませんから、その企業の投資先としての人気は下がってしまいます。

資本の提供と調達は、経済にとってきわめて重要な問題です。

投資の結果として得られる設備や技術は、生産性の大幅な向上につながり、やがて私たちの生活水準を大きく引き上げてくれるからです。

アメリカの経済に占める貯蓄および投資の割合は、ほかの先進工業国にくらべるとかなり低い水準にとどまっています。

しかし、経済が安定して成長できるかどうかは、人びとの貯蓄と投資にかかっているのです。

第8章 個人投資
――老後のために知っておきたいこと

老後のお金をどうするかという問題は、あらゆる人が直面する重大な経済的課題です。老後の暮らしについて考えるだけで、空恐ろしい気分になる人も多いと思います。必要な金額はあまりに多く、とても手が届かないような気がするからでしょう。人生を何度も生きられる人はいません。老後に向けたプランを何度も試行錯誤することはできないのです。そう、チャンスは一度きりなのです。

需要と供給の枠組みからいうと、老後に向けた資産形成は、資本市場の供給側に位置づけられます。人びとがなるべく少ないリスクで資産を増やそうと貯蓄や投資に励むとき、それは全体から見れば、資本市場に金融資本を提供していることになります。

長期的に財産を築くうえで鍵になるのは複利の力

長期的に財産を築くことを考えるとき、鍵になってくるのは複利*の力です。

複利のしくみを簡単に説明すると、次のようになります。

たとえば手もとの100ドルを、年利10％で預けたとしましょう。

1年後、その口座のお金は元本の100ドルと利子の10ドルで合計110ドルになります。2年目はその110ドルに対して10％の利子がつくので、合計121ドルになります。3年目は121ドルに対して10％の利子がつき、4年目には133・1ドルに対して10％の利子がつきます。

その調子で、利子は年々大きくなっていきます。

計算のベースとなる金額が、毎年増えていくからです。時間が経つほどに、複利の効果は大きな実りをもたらしてくれます。

複利の力を実感するために、実際の運用例を試算してみましょう。

まず元手となる金額を決めます。そして、その金額（1＋利率）の数字を年数分だけ掛けます。利率が5％で期間が10年なら（1＋0・05）の10乗を元手の金額に掛けるので

＊複利
元本と利子をあわせた金額に対して利子がつく計算方法

す。出てきた数字が、将来手に入る金額です。電卓にいろいろな数字を打ち込んで、試してみてください。

下の図のように、10年、25年、40年と年数を増やしていけば、驚くほど大きな数字になると思います。

老後の計画であれば期間をかなり長くとることができるので、複利の効果が存分に発揮されることになります。

たとえば、25歳の人が１０００ドルを元手に年間５％の複利で運用すると、65歳になる頃には、１０００ドルだったものが７０００ドル以上になります。

もっと強気の投資をおこなうなら、たとえば年間10％で運用したとして（アメリカの株式市場の平均的なリターン率がほぼそれくらいで

1000ドルを複利運用した場合のシミュレーション

		年間利率		
		5%	10%	15%
期間	10年	$1,629	$2,594	$4,046
	25年	$3,386	$10,835	$32,918
	40年	$7,039	$45,259	$267,863

注：複利計算には $PV(1+r)^t = FV$ の式を使用。PVは現在の価格（この場合は1,000ドル）を指し、rは年間利率、tは期間、FVは将来の価格を指す。

す）、ほんの10年で2600ドルに増やすことができます。25年間なら1万1000ドル、40年間ならなんと4万5000ドルです。

さらに攻めて、年間15％の利率で運用すると（かなり運がよくないと難しいですが）、10年で1000ドルが4000ドルになります。25年なら3万3000ドル、40年運用しつづけたとしたら、実に26万7863ドルという驚きの数字が待っています。

正直にいうと、15％という数字はあまり現実的とはいえません。

しかし40年という期間は、十分にありえます。人生のうち仕事をしている期間が、だいたいそれくらいだからです。25歳から65歳まででちょうど40年になります。

したがって25歳か30歳からはじめて、毎年5000ドルを老後の資金にまわして複利運用していけば、退職する頃には100万ドル以上が手に入ります。

宝くじで一獲千金といったような派手さはありませんが、十分にインパクトはあります。そして何よりも、これはきわめて現実的な数字なのです。

資産運用を考えるときに検討すべき3つの側面

複利のすばらしさはおわかりいただけたと思いますが、利益だけを見ていればいいわけではありません。5％や10％という利率は、ただの期待値にすぎないからです。

資産運用を考えるときには、それ以外に３つの側面を検討する必要があります。リスク、流動性、税金の３つです。何を重視するかによって、運用のしかたが変わってきます。利率と、これらの要素とのトレードオフが必要になってくるわけです。

それぞれ見ていきましょう。

①リスク

投資におけるリスクとは、その資産の平均的な収益率に対して、実際の収益率がどの程度まで上下しうるかという概念です。

要するに、結果が人それぞれ異なる度合いということになります。

たとえば、アメリカの国債は非常にリスクの低い投資先です。ほぼ確実に期待どおりの収益率になるからです。

しかし、新技術を開発している企業に投資するなら、リスクはずっと大きくなります。技術開発は場合によっては失敗するかもしれませんし、あるいは大成功して予想もしなかったリターンをもたらしてくれるかもしれないからです。

ほかの条件が同じであれば、リスクが少ないに越したことはありません。平均収益率が同じなら、変動が少ないほうを選ぶべきだということです。

投資家はリスクを避けますから、ベンチャー企業などリスクの高い投資先は、必然的に**期待収益率***を高く引き上げることになります。そうしないと投資家が興味を持ってくれませんし、小さい収益率のために大きなリスクを我慢しようという奇特な人はなかなかいないからです。

また、株や債券に投資するときは、投資先をいくつかに分けることでリスクを軽減できます。**分散投資***と呼ばれるテクニックです。いろいろな種類の投資をすこしずつ組み合わせて、全体としてのリスクを減らすのです。

分散投資のいいところは、ある投資先がひどく悪い結果になったとしても、ほかの投資先がいいパフォーマンスをだしてくれれば、ある程度カバーできることです。「卵を全部1つのかごに入れるな」ということわざもあるように、1つのものにすべてを賭けてしまわない姿勢が大切です。

簡単に分散投資を実現する方法としては、**投資信託***があります。これは複数の株や債券を1つにまとめた商品なので、手軽にリスクを分散できます。

②流動性

流動性*は、資産を現金に換えやすいかどうかを表す言葉です。

***期待収益率**
投資をするときに平均的に期待される収益率のこと

***分散投資**
投資金額を分散していくつかのものに投資する手法のこと

***投資信託**
多くの人から集めたお金をひとまとめにして、運用のプロがさまざまな株や債券に分散投資する金融商品

***流動性**
株などの資産が容易に現金化できるかどうかを表す言葉

銀行の普通預金はきわめて流動的です。いつでも好きなときに現金を引きだせるからです。反対に、たとえば家などの不動産は流動的ではありません。不動産を売って現金にするためには、それなりの時間と労力が必要だからです。株や債券はその中間に位置します。

基本的には、リスクやリターンが同じであれば、流動性の高い資産を選んだほうがいいでしょう。

③税金

もう1つ考慮しておきたいのが、税金の問題です。

アメリカの場合、州や地方自治体が発行する地方債などは免税対象ですが、その他の投資の利益については所得税を払わなくてはなりません。

税金が発生するのは、おもに資産を売ったときです。株の売却益や不動産を売ったときの譲渡所得、また個人年金の受けとりなども課税対象となります。

税金が少なくてすむのはうれしいことですが、税制面で有利な商品はほかの面で何らかのデメリットがあります。何ごともトレードオフがつきものなのです。

たとえば、州や地方自治体が発行する地方債には所得税がかかりませんが、ほかの債券とくらべて利回りが低くなっています。税金を払わなくてすむ代わりに、入ってくるお金も少ないということです。

ですから一般に、高収入で納税額の多い人は、税制面で有利な商品を選んだほうがいいでしょう。反対にもともと収入の多くない人は、税制についてそこまで気にする必要はないと思います。

投資について考えるときには、自分の年齢も考慮に入れる必要があります。

退職までに何年働けるかということです。退職後は収入が減るので、税金を多く払う必要はありません。ですから、税制面で有利かどうかはそれほど問題ではなくなります。

一方、30歳から55歳くらいまでの働きざかりの時期は、収入が多いので収める税金も多くなります。この時期は税金を気にして投資したほうがいいかもしれません。

資産形成を考えるうえで重要な8つの投資対象

それでは上記4つの側面（収益率・リスク・流動性・税金）から、具体的な投資対象を比較してみましょう。

とくにリスクとリターンのトレードオフに注目してみたいと思います。

リスクの度合いを測る目安として、株式投資の古典的名著『ウォール街のランダム・ウォーカー』（日本経済新聞出版社）の著者バートン・マルキールが「安眠度」と呼んだものを使います。

「もしもあなたのお金をそこに投資したら、どれくらい安らかに眠れるか？」と考えてみるのです。

①普通預金

まずは銀行の普通預金について考えてみましょう。

普通預金は収益率が非常に低く、おまけに利子には税金がかかります。しかし、きわめて安全かつ流動的です。

アメリカの場合、連邦預金保険公社*（FDIC）という政府機関が銀行預金の保護をおこなっており、仮に銀行が破綻してもお金がなくなることはありません。そのため、お金を銀行に預けた場合のリスクは、ほとんどゼロに近いといえます。

安眠度でいえば、「昏睡」レベルです。

*連邦預金保険公社（FDIC：Federal Deposit Insurance Corporation）
銀行破綻から消費者の預金を守るための預金保険制度を運営しているアメリカ合衆国の機関

②MMF

普通預金の次にリスクが低いのは、市場金利連動型投資信託*（MMF）でしょう。

MMFは、非常にリスクの低い債券を多数組みあわせて運用される投資信託のことです。おもな投資先は国債や安定した大企業の社債で、収益率は銀行預金よりわずかに高い程度でしょう。流動性は銀行預金ほどではありませんが、十分に高いといえます。安全性も普通預金にはわずかに劣りますが、ほかの投資対象にくらべるときわめて安全です。安眠度でいえば、熟睡できるうえにたっぷりと昼寝もとれるレベルです。

③定期預金

次に安全なのが定期預金です。銀行などの金融機関に対して、一定期間の縛りを設けてお金を預けます。期間は半年や1年、数年間にわたるものなどさまざまです。その期間が満了するまで、いっさいお金に手をつけることはできません。そのかわり、通常の預金にくらべると高い利率になっています。

定期預金は期間の縛りがありますから、流動性は高くありません。いざとなったら途中で解約することも可能ですが、違約金*を払わなくてはなりません。しかし、通常の預金にくらべると高いリターンが得られますし、それほどリスクも大きくありません。

＊**市場金利連動型投資信託**（MMF: Money Market Fund）
公社債や短期金融商品を中心に投資する投資信託の一種

＊**違約金**
アメリカ合衆国の定期預金は日本よりも中途解約に関する規定が厳しく、高い違約金が発生する

安眠度でいえば、朝まで熟睡できるレベルです。

④社債

さまざまな社債*に対する分散投資、あるいはそのような性質の投資信託はどうでしょうか。債券は決められた期間まで一定の利率で利息が受けとれます。

一般に、社債は定期預金よりも高い収益率が期待できます。投資信託を通じて買った場合、簡単に現金に戻すこともできます。しかし、リスクはいくらか高くなります。

ほとんどの債券は利率が固定されているので、世の中の物価が上がって金利が上昇しても、すでに持っている債券の利率は変わりません。つまり世の中の相場よりも、低い利率で我慢しなくてはならないのです。

安眠度でいえば、眠れるけれども、ときおり悪い夢を見るレベルです。

⑤株式（優良株）

次に優良株に分散投資をする場合を見てみましょう。

優良株とは、有名な大企業の株のことです。たとえばゼネラル・エレクトリックやウォルマートなどです。そうした有名企業の株を対象とした投資信託は、債券の投資信託より

＊社債
企業が資金調達を目的に、投資家からの出資と引き替えに発行する債券のこと

も高いリターンを提供してくれます。

なぜなら優良株であっても、やはり株式は債券よりもリスクが高いからです。

しかし税金面では、債券よりも有利です。売却しなければ税金が発生しないからです。

そのため長期にわたって保持すれば、それだけ長く税金の支払いを引き延ばすことができます。また、分散投資であればリスクもいくらか抑えられます。1つの株が下がったからといって、全体にはそれほど影響しません。投資信託を通じて買った場合、現金化するのも簡単です。

しかし株式投資は利益が保証されないだけでなく、価値が下がることもあります。

たとえば、1987年にブラックマンデー*と呼ばれる暴落が起こり、株価が1日にして20%も下落しました。また、2000年8月から2001年9月にかけての下落はゆっくりと進み、ニューヨーク証券取引所*の平均株価は13カ月間で18%下がりました。

最近の不況では、2007年10月から2009年3月までのあいだに、ニューヨーク証券取引所の平均株価は実に半分以下に下がっています。

株式を中心にした投資信託には、こうしたリスクがつきまといます。安眠度でいえば、夜中じゅう寝返りを打ちつつ、朝方妙に鮮明な夢で目覚めるといったところでしょう。

***ブラックマンデー**
1987年10月19日に起こった、史上最大規模の世界的株価大暴落

***ニューヨーク証券取引所**
アメリカ合衆国のニューヨークにある世界最大の証券取引所

⑥株式（成長株）

さらにリスクを望むなら、成長株への分散投資という方法もあります。

成長株とは、これから伸びていく小さな企業の株のことで、一般に優良株よりも高いリターンを提供してくれます。運がよければ、通常の平均リターンである10％よりも大きく儲けられます。また投資信託を通じて購入した場合、流動性にもすぐれています。

多数の株に分散投資することでリスクはある程度まで抑えられますが、やはり成長株の性格として、優良株よりもリスクは高くなってきます。

たとえば２０００年から２００１年にかけての不況で、ニューヨーク証券取引所に上場されている優良株の下落幅は18％でしたが、ＮＡＳＤＡＱ*（ナスダック）上場の成長株は平均で60％も下がりました。

これは、ちょっと損をしたというレベルではすまない話です。

成長株ばかりの投資信託を買った場合の安眠度は、たびたび悪夢にうなされるといった具合でしょう。

ただし、そうした悪夢をやりすごしつつ長期的に保持しつづけていれば、朝にはすっかり疲れがとれていると思います。

＊**NASDAQ**(National Association of Securities Dealers Ａｕｔｏｍａｔｅｄ Quotations)
アメリカのベンチャー企業向け株式市場。ハイテク企業が多く上場している

⑦不動産

家を買うのも、一種の投資です。そのため、持ち家は住む場所を手に入れるだけでなく、不動産に投資していると考えることができます。

多くの人にとって、家を買うのは人生最大の投資になります。過去のデータから見ると、家を買った場合のリターンは平均的にはプラスになっています。

しかし景気が悪いときには、家の価値が上がるまでに長い時間がかかることもあります。つまり、家を買ったときのリスクは数十年といった長期的スパンで見れば低いのですが、数カ月から数年といった短期的スパンで見るとかなり高くなるのです。また売るのに時間がかかるため、流動性の面でも不利になります。

一方、税金面では不動産は有利です。アメリカの場合、住宅ローンの金利は所得税控除の対象になりますし、家を売ったときの譲渡益についても次の家の購入に充てれば税金がかからないからです（これは日本にも同様のしくみがあります）。

家の購入はふつうの人にとっては単なる投資以上の意味を持つので、一概に安眠度を決めるのは簡単ではありません。家を買えば寝床が手に入るわけですが、逆に安眠できなくなることもあります。とりわけ２００６年にはじまった住宅価格の大幅な下落を考えると、おちおち眠っていられないかもしれません。

⑧貴金属

金やプラチナといった貴金属も投資の選択肢の１つです。

個人の投資としては、もっともリスキーな部類に入ります。価格の上下がとても激しいからです。うまいタイミングで売買すればかなり大きく儲けられますが、タイミングを外すと目も当てられない損失が待っています。

安眠度でいえば、たびたび不眠になるレベルです。個人的には、素人は貴金属への投資に手をださないほうが賢明かと思います。

資産をつくるには早くからお金を貯めて複利の力を活用する

以上の選択肢をふまえたうえで、個人投資の戦略を考えてみましょう。どのように投資するのが、もっとも有益なのでしょうか。

結論からいうと、万人に当てはまるベストな選択肢というものはありません。それぞれに状況が異なるからです。

しかし大まかな目安としては、時間軸を考慮してみるといいでしょう。

たとえば株式市場は短期的にはリスクが高くなりますが、老後の備えといった長期的視点から見ると比較的堅実です。細かな揺れ動きに耐えることができれば、最終的には報われることが多いからです。

ですが、1週間の食費や来月の家賃に困っているような状況では、株式はまともな選択肢とはいえません。収益率を考える前に、安全で流動的でなければ意味がないからです。

そこまで切羽つまっていないとしても、たとえば数年後に自動車や家の購入を考えているなら、株式だとリスクが高すぎるかもしれません。しかし、まったくリスクがとれないほどではありません。ですから銀行の普通預金よりも、債券や定期預金のほうが選択肢としてはすぐれているでしょう。

どれだけリスクに耐えられるかという問題は、どれだけ時間をかけられるかによって決まってきます。それにもかかわらず、多くの人が犯してしまう最大のまちがいは、リスクを避けすぎることとです。

とくに人生の早い時期に十分なリスクをとらないと、老後の資金をつくるうえで大きく出遅れてしまいます。安全を重視するあまり普通預金や債券にとどまってしまう人も多いと思いますが、もうすこし増やすほうに目を向けたほうがいいかもしれません。

50代や60代の人でも、これからまだ20年や30年は生きるのです。

それだけの時間があれば、複利でかなり大きく増やすことが可能です。

一方で、もっとも利益率が高い銘柄に全財産を突っこめばいい、と思う人もいるかもしれません。リスクや流動性や分散投資などをいちいち考慮するのは、たしかに面倒です。

確実に上がる株がわかればそれを買えばいいのですが、残念ながらどの株が上がるかは誰にもわかりません。株価を決めるのは、その会社に対する市場の期待です。その会社が思ったより大きく伸びそうだという情報が入れば、株価は上がります。

しかしそうした新情報は、当然ながら予測できないものです。この次にどんな情報が入ってくるかわからないので、必然的に株価の上下は予測不可能になります。

投資の世界ではそうした予測不可能な動きを「ランダム・ウォーク」と呼びます。

理想的な株とは、現時点では誰もその会社に期待していない（つまり需要量が小さいので、株価が安い）けれど、将来的に誰もがその会社を高く評価する（つまり需要量が増えて、株価が高くなる）ような株です。

投資のプロのように週に60時間や80時間も投資だけをやっているのであれば、そういう株をコンスタントに見つけることも、ひょっとしたら不可能ではないのかもしれません。

しかし、自宅のソファで新聞を眺めている程度では、そんなことはまず無理です。

経済紙の情報にしたところで、書かれたのは前日ですし、それが起こったのはさらに前です。投資のプロなら1週間も前に余裕で知っている情報かもしれません。

要するに新聞に目を通すくらいでは、市場をだし抜くことなどできないのです。

ウォールストリート・ジャーナル*などの経済記事で、「ダーツ投資」の企画を目にすることがあります。これは、壁に留めた新聞に向かって適当にダーツを投げ、矢が刺さった銘柄の株を買い、そうしてでたらめに組まれたポートフォリオ*で実際に運用実績を見てみるという企画です。

その結果はどうなるかというと、ほぼ平均的なリターンが得られます。

ちなみにプロの投資家が選び抜いたポートフォリオとくらべてみても、パフォーマンスに差はないそうです。

個人投資で成功するためのアドバイスは、結局のところただ1つにつきます。

それはお金を貯めること、それもなるべく早くはじめることです。

20代のうちは使うのに忙しく、貯められない言い訳ならいくらでもあげられるでしょう。ですが、それは30代でもそうですし、40代でも50代でも同じです。

今のうちにはじめなければ、いつまで経ってもお金は貯まりません。60歳や65歳になって急に老後の資金が降ってくるということはないのです。

*ウォールストリート・ジャーナル　ニューヨークで発行される国際的な影響力を持つ経済新聞

*ポートフォリオ　個人や企業が所有するトータルの資産のこと。リスクを分散させたさまざまな資産で構成される

第9章 完全競争と独占

——企業にやさしい市場、厳しい市場

これまでの章では、ミクロ経済学の視点から、世の中をどう見るかを学んできました。ひと言でいえば、財・労働・資本の各市場における需要と供給の相互作用に注目してきたわけです。

この章からは、そうした市場の力関係が迷走するようなケースに目を向けていきます。たとえば、企業が利益を追求することは、社会にとって諸刃《もろは》の剣となります。利益の追求はすぐれた製品を低コストで生みだすための原動力ですが、一方で価格の釣り上げや品質の手抜き、誇大広告や公害など、望ましくない行動につながることもあるのです。

経済における政府の役割の1つに、法律によって市場のポジティブな面を引きだし、ネガティブな動きを抑えるようなしくみをつくることがあります。

そこでこの章ではまず、独占をはじめとする反競争的な動きをとりあげます。

あとにつづく章では、規制のない経済で起こりうるさまざまな問題について検討します。具体的には、公害や貧困、格差、保険市場の問題点、新技術や公共インフラに対するモチベーションの欠如などを順に見ていきましょう。

アメリカの企業形態は大きく分けて3つある

ここまで「企業」という言葉をとくに意識せず使ってきましたが、企業の競争について見ていく前に、すこし「企業」という言葉の意味を掘り下げてみましょう。ひと口に企業といっても、1人だけでやっている事業から巨大企業までさまざまだからです。

アメリカの企業の形態は、大きく3つに分けられます。

まず個人事業は、会社組織ではなく個人で営んでいる事業を指します。次に複数人で事業を所有する共同事業体（パートナーシップ）と呼ばれる形態があります。それから、よく知られた形態である株式会社があります。

株式会社は所有者から独立した存在であり、個人や複数の株主によって所有されます。２０００年代前半のデータでは、アメリカの個人事業主の数は１８００万、共同事業体が２００万、株式会社の数が５００万となっています。

この数字だけ見ると個人事業が多いように思えますが、実際は株式会社のほうが規模においては圧倒的に勝っています。

たとえば、株式会社５００万社をあわせた売り上げはおよそ20兆ドルに達します。一方、共同事業体の売り上げ規模はわずか２・５兆ドル程度。個人事業主は１８００万人をあわせても１兆ドルを下回る程度です。

また世の中には、実に多種多様な産業があります。

政府の統計を調べてみるとわかると思いますが、おもな分類だけでも農業や鉱業、電気・ガス・水道業、建設、製造業（非常に多くの製品が含まれます）、小売業（これも実に多くの種類があります）、交通、通信、放送、金融、不動産、技術サービス、廃棄物処理、教育、医療、娯楽、宿泊、食品、自動車修理、クリーニングなど、膨大な数のリストがあります。会社の規模もさまざまです。

多くの人が大企業で働いているように思うかもしれませんが、実際はそうではありません。アメリカの場合、従業員500人以上の大企業で働いている人は全体のおよそ半数で、残りの半数は500人以下の企業に勤めています。従業員20人以下の小規模な株式会社だけでも、労働者数は全体の5分の1を占めています。

アメリカでは、年間50万件ほどの事業が立ち上げられ、50万件ほどの事業がつぶれていきます。新しく起業した株式会社のほとんどは小さな規模ですが、500人以上の規模で起業する株式会社も数百社あります。

あらゆる企業がどこかに位置づけられる4種類の競争形態

どんな企業も、その規模や業種を問わず、次の4種類の競争のうちのどれか1つにかかわっています。そしてこの4種類は、競争の度合いに応じて分けられます。

まず一方の端に位置するのが「完全競争」です。ここでは数多くの小規模な企業が、同じような製品をそれぞれつくっています。

その対極に位置するのが「独占」です。1つの大規模な企業が、市場の売り上げをほぼ独り占めしている状態のことです。

両者の中間には「独占的競争」があります。数多くの企業がすこしずつ異なるものをつくって競争している状態です。たとえばレストランはすべて食べものを提供しますが、その種類や価格帯はさまざまというようにです。

　それから、独占的競争よりもうすこし独占寄りの状態として「寡占《かせん》」があります。一企業による独占ではありませんが、少数の大企業が市場のほとんどを支配している状態です。

　それぞれの競争状態について、もうすこし詳しく見ていきましょう。

①完全競争

　完全競争のおもな特徴は、価格受容性です。

　価格受容性とは、市場の価格をそのまま受け入れる性質のことです。

　完全競争のなかにいる企業は、市場の価格をそのまま受け入れるしかありません。利益のために価格を上げようとしても、うまくいかないのです。

　なぜなら消費者にとって、その企業の製品は数ある選択肢の1つにすぎないからです。

　完全競争の市場で製品の価格を1ドル上げたとしたら、消費者はそれを買うのをやめて、似たような割安の製品に移っていくはずです。

　完全競争の市場では、新しい企業の参入が容易であるのも1つの特徴です。

　たとえば靴下やネジといったような、とくに難しくない一般的な製品が多いからです。

　このような完全競争の環境においては、製品の価格が生産の費用にかなり近くなります。

競争によってぎりぎりまで価格が下げられるからです。その結果、完全競争の市場に参加している企業は、どこも同じような低い利益にとどまる傾向があります。

ただし、教科書的な意味での純粋な完全競争というものは、現実にはまず見られません。あくまでも理論上の概念です。実際には、完全に同一の製品というのはめったにありません。靴下でも色や形の好みがありますし、ネジにも用途によってたくさんの種類があります。品質や入手しやすさもさまざまです。

しかし、同一製品による価格競争という完全競争の概念は、市場の様子を把握するうえでとても役に立ちます。それにガソリンや農産物など、実際に完全競争にかなり近い状態で動いている商品もあります。

②独占

独占は、ただ1つの売り手が市場の売り上げの大半（あるいはすべて）を占めている状態です。

マイクロソフトは、1990年代後半から2000年代初頭にかけてコンピュータOSの市場を独占していました。さらに30年ほどさかのぼると、IBMが大型汎用コンピュータの市場を独占していた時期もありました。

ゼロックスはかつてコピー機の市場を独占していましたし、アメリカ郵政公社*は郵便配達の市場を独占しています。ゴミ収集や電気についても、ほとんどの地域では自由に選ぶことができません。地域レベルで独占されているからです。

それでは、独占はどのようにして生まれるのでしょうか。

多くの場合、独占には市場への参入を阻む障壁があります。

たとえば特許は、参入を阻む壁になります。ある企業が新薬の製造方法に関する特許を取得したら、ほかの企業はその薬に手をだすことができません。そのため、少なくとも特許期間が切れるまでは、その薬を売ることができるのは特許を持っている企業だけです。

つまり、その薬の市場が独占されるわけです。

実際、特許が一定期間の独占を保証することによって、新技術の開発が促進されるという側面もあります。人びとの利益と引きかえに、技術の進歩をうながすというトレードオフです。

法律によって独占が守られているケースもあります。

たとえば、アメリカで郵便事業をおこなうことができるのはアメリカ郵政公社だけです

***アメリカ郵政公社**
アメリカ合衆国の郵便事業を担当する公社のこと

し、廃棄物収集はその地方の自治体によってほぼ独占されています。

そのほかに自然独占*といって、経済活動のなかで自然に障壁が生まれてくるケースもあります。自然独占が起こるのは、規模の経済によって既存の大きな企業が有利になるようなときです。

たとえば、小規模な太陽光発電よりも大規模な水力発電のほうが低コストだとすると、水力発電ダムを持っている大きな電力会社が有利になります。いったんその体制ができてしまうと、新たな電力会社が参入することはきわめて困難です。仮に同じくらいの規模で発電したら低コストになるとしても、最初に規模で負けてしまうと、なかなかくつがえすことはできません。

また、同じ業界内の大手企業が合併したり、共謀して動いたりするときにも独占は起こります。ただし、そうした動きは独占禁止法*によって禁止されています。独占禁止法については次章で詳しく見ていきましょう。

完全競争の場合と異なり、独占企業は生産費用にいくらか上乗せして価格を設定することができます。

価格をどの程度まで上げられるかは、需要の価格弾力性によって決まってきます。

＊自然独占
制度などの人為的な要因ではなく、経済的な要因によって自然に発生する独占のこと

＊独占禁止法
企業の独占行為を禁止し、公正かつ自由な競争を促進するための法律

扱っている製品の需要が非弾力的であれば、独占企業は好きなように価格を引き上げることができます。価格を上げても、需要量がほとんど減らないからです。

新薬が独占されているケースで考えてみると、もしもその薬の効き目がほかにないものであれば、人びとは高いお金を払ってでも手に入れようとするでしょう。

独占企業が有利なのは、お金の面だけではありません。

かつて英国の経済学者ジョン・ヒックスは、「独占のいいところは、心穏やかなところだ」と皮肉を込めて述べました。競争相手がいなければ肩の力を抜くこともできますが、完全競争の世界では、かたときも気を抜くことができません。

19世紀の経済学者であり哲学者であったジョン・スチュアート・ミルは、「あらゆる独占とは、勤勉な人間に課税して、怠惰を助けるものである」と述べています。

独占が悪い方向にはたらくと、生産は怠惰で非効率になり、そのぶん消費者が高い価格に苦しむということです。

③独占的競争

独占的競争は、独占よりも完全競争のほうに近い状態です。

独占的競争の市場では、多くの企業が「差別化」された商品で競っています。

ここでいう差別化とは、似ているけれども同じではないということです。

たとえば、ズボンを買いに行くとしましょう。ジーンズもあればチノパンもあり、色や形もさまざまです。思ったようなものがなければ、何軒かお店をまわってみるでしょう。いずれもズボンを売っている店ですが、ラインナップに差があるわけです。

また、場所によって差別化が生まれるケースもあります。

近所の通り道にあるガソリンスタンドはよく利用すると思いますが、わざわざ隣町のガソリンスタンドに行くことはあまりないでしょう。

あるいは消費者にサービスすることで差別化をはかっている企業もあります。本をネットで購入するとき、A社は2割引で売っていて、B社は送料無料サービスをしているというようなことです。


独占と同じく、独占的競争においても需要の価格弾力性が価格を左右します。

ただし、仮に弾力性が低いとしても、独占ほど自由に価格を上げられるわけではありません。あまり高い価格にすると、競争相手に顧客をとられてしまうからです。

独占的競争には、独占のように新たな競争相手の参入を阻む壁はありません。

レストランも洋服屋も、次から次へと新規オープンします。近所に大人気のステーキ店があったとしたら、もう1軒ステーキ店ができるのは時間の問題でしょう。

このように入れ替わりが激しい市場なので、独占的競争下の企業は短期的には大きな利益を上げられますが、長期的にはそれほど利益が上がらない傾向にあります。儲かっている分野にはすぐにほかの企業が参入してきて、価格が引き下げられていくからです。

独占的競争は、消費者にさまざまなメリットを与えてくれます。差別化をはかる企業は流行を意識し、新製品の開発に励みます。そのため、市場には実に多様な商品が出回ることになります。

ただし、自由市場における多様化がはたして適度なものかどうかという点は、経済学における大きな謎の1つです。

もちろんある程度の多様化はあったほうがいいでしょう。みんながおそろいの白いTシャツとジーンズを身につけて、毎日チーズサンドイッチだけを食べているような世界には住みたくありません。そのほうが経済的効率がいいとしてもです。

しかし一方で、スニーカーだけで何百種類もあるような世界に住むことが、本当に望ましいといえるのでしょうか。その答えはまだ明らかになっていません。

④寡占

寡占は、独占的競争よりも、もうすこし独占のほうに近い状態です。

数少ない企業が、市場のシェアのほとんど（あるいはすべて）を占めているとき、寡占であるといいます。たとえばアメリカのソフトドリンク市場は、大部分がコカ・コーラ社とペプシコ社の売り上げで占められています。

寡占市場を見るときに気をつけたいのは、寡占企業どうしが激しく競争して価格を引き下げているのか、それとも（暗黙のうちに）結託して価格を引き上げているのか、という点です。後者であれば、独占とほとんど変わりはありません。

企業の経営者は、できることなら競争を避けたいと思っています。

完全競争の世界でちっぽけな利益の争奪戦に参加するより、独占状態で大きな利益を享受しながら、価格や生産方式を好きなように決められるほうがうれしいからです。

競争は、企業にとってつらいものです。一方、消費者にとっては、競争ほど好ましいものはないでしょう。低価格ですぐれた製品が手に入るからです。

競争市場は、きわめて消費者にやさしいシステムなのです。

第10章 独占禁止法

――競合企業は友であり、顧客は敵だ

経済学者は競争市場を手放しで絶賛しているように見えるかもしれませんが、そんなことはありません。ちゃんと問題点も認識しています。放っておくと企業が競争を避けようとする事実は、もう数世紀も前から指摘されていることです。

経済学の父と呼ばれたアダム・スミスは『国富論』でこう述べました。「同業者というものは、楽しみや気晴らしのために集まったときでさえ、人びとをあざむく悪だくみや価格引き上げのための共謀について話しあっているものだ」

企業の競争をうながすための政府の政策

では、どうすれば企業の共謀をふせぎ、競争をうながすことができるのでしょうか。

アメリカでは、連邦取引委員会*（ＦＴＣ）および司法省*が、反トラスト法*（独占禁止法）と競争政策を運用しています。

連邦取引委員会は、連邦議会の監督下にある独立機関です。連邦取引委員会を率いる５人の委員は、上院の承認を経て大統領によって任命されます。任期は7年で、同じ政党のメンバーは３人以下と決まっています。一方、司法省にも反トラスト局という専門の機関があり、反トラスト法違反の調査および提訴をおこなっています。

これらの機関のおもな任務は、独占につながるような企業合併をふせぐことにあります。そのために、企業合併の審査をおこなう権限が与えられています。

といっても、国が合併を敵視しているわけではありません。連邦取引委員会のウェブサイトにはこんな文言すらあります。

「多くの場合、合併は業務の効率化につながり、競争および消費者を利するものである」

しかし一方で、次のようにも書かれています。

＊連邦取引委員会
(FTC: Federal Trade Commission)
アメリカ合衆国において独占禁止法と消費者保護法を管轄する組織

＊司法省
アメリカ合衆国の司法行政を所管する省庁

＊反トラスト法
アメリカ合衆国の独占禁止法。企業の独占行為を禁止し、公正かつ自由な競争を促進する

「一部の合併は競争を弱める方向にはたらく。競争の低下は価格上昇、財およびサービスの供給不足、品質の低下、技術革新の鈍化などを引き起こすと考えられる」

アメリカの経済は基本的に自由経済であり、各企業の判断が尊重されます。しかし、競争を制限して消費者に高いコストを強いるような動きが出てくると、当局の介入が必要になってきます。

たとえば、年商1億ドルを超える規模の企業が合併をおこなう場合、事前に届け出をすることが義務づけられています。2000年代半ば時点で、この規模の合併は年間およそ2000件のペースでおこなわれていて、そのうち半数は取得価格2億ドル以下、約1割は取得価格10億ドル以上となっています。

審査によって、年間およそ200件の合併申請が差し戻され、追加情報の提供などが求められています。再審査で無事に承認されることもありますが、問題が見つかれば当局が合併を阻止したり、承認に際して条件をつけたりします（合併に際して事業の一部を売却するなど）。

しかし企業が競争から逃げるための方策は、合併だけとはかぎりません。合併などの露骨な手段をとらずに、反競争的な行為をおこなうことも可能です。

たとえば同業者どうしが、価格を引き上げるために共謀することがあります。そうした行為は違法なので、公然とおこなわれることはまずありませんが、裏で合意のもとにおこなわれている可能性はあります。このように暗黙の合意にもとづく価格引き上げが可能な状態になっていないかどうかを調べるのも、連邦取引委員会の大事な任務です。

企業間の競争の程度は市場シェア率を示す指標で測られる

独占をふせぐためには、市場にどの程度の競争が存在するかを知り、それが十分であるかどうかを判断する必要があります。

競争の程度を測るための簡単な目安としては、「4社集中度」という指標があります。これは業界の上位4社が、あわせてどれくらいのシェアを持っているかを見るものです。もっとも独占度が強いのは4社集中度が100のケース、つまり4社のシェアを合計すると100%になるような場合です。4社集中度が高ければ高いほど、その市場の競争は少なくなっているといえます。

4社集中度は手軽に使える目安として便利ですが、正確さについてはやや欠けるところもあります。たとえば、ある業界に8つの企業があったとして、上位4社がそれぞれ20%

のシェアを持ち、残り４社が各５％のシェアであれば、４社集中度は80％です。一方、８社のうち１社が65％のシェアを持ち、残りの７社が各５％であっても、やはり４社集中度は80％です。

数字は同じですが、実態としては後者のほうが明らかに独占に近い状態です。

４社集中度よりも精密な指標として、**ハーフィンダール・ハーシュマン指数**[*]（ＨＨＩ）があります。

ＨＨＩを求めるには、対象の市場に参加している全企業のシェアを洗いだし、それぞれの数値を二乗してすべて足しあわせます。

たとえば１社が市場を独占している場合、シェア１００％の二乗なので、ＨＨＩは１００００になります。１０００社が０・１％ずつシェアを持っている場合、０・１の二乗を１０００回足しあわせるので、ＨＨＩは10です。

ＨＨＩの数値が低いほど完全競争に近くなり、数値が高いほど独占に近くなります。

20年ほど前までは、アメリカでは合併の承認基準としてＨＨＩが使われていました。連邦取引委員会による審査の際、ＨＨＩが１０００未満であれば、たいていの合併が承認されました。ＨＨＩが１０００～１８００の場合、より詳しい調査のうえで個別に判断がく

＊ハーフィンダール・ハーシュマン指数（HHI: Herfindahl-Hirschman Index）
市場の競争状態を表す指標。数字が小さいほど競争が激しく、大きいほど独占状態に近い

だされました。さらにＨＨＩが１８００を超えていると、条件つきでの承認となったり、あるいは合併自体が却下されたりしました。

しかし最近では、連邦取引委員会も司法省も、単純に市場シェア率を見るやり方はしなくなっています。理由の１つは、個別の市場を切り分けるのが難しいからです。

市場の切り分けをめぐる有名な訴訟に、１９５６年のデュポン社のケースがあります。当時デュポン社はこの年、セロファンの市場を独占しているとして訴えられました。当時デュポン社は国内セロファン生産の70％を占めており、その事実については同社もすぐに認めました。

しかしデュポン社は、セロファンを１つの市場と捉えることに異議を唱えました。パラフィン紙などを含めた、薄手の包装材すべてを１つの市場として捉えるべきだと主張したのです。市場をそう捉えれば、デュポン社のシェアは20％以下になります。

それに対して、最高裁はデュポン社の主張を受け入れ、セロファンのシェアをほとんど1社で占めていたとしても、柔軟性包装材全体で見れば市場の独占には当たらないという判決をくだしました。

1990年代にも、似たような問題が持ち上がっています。

政府当局はマイクロソフト社がOSの市場を独占しているとして提訴しました。当時マイクロソフトはOSの分野で80％以上のシェアを持っていたからです。

しかし、「OSの市場」という切り分けは正しいのでしょうか。

数多くあるソフトウェアのなかで、OSだけを独立した市場として捉えてもいいのでしょうか。

ゲームなどを含めたソフトウェア全体を1つの市場と定義するなら、マイクロソフトのシェアはずっと小さくなるはずです。

マイクロソフト社はそうした論理を使い、広いソフトウェア市場のなかで同社の占める位置はとるに足らないと主張しました。

一方の政府当局は、OSという限定された市場のなかでマイクロソフトが大きな位置を占めていると主張しました。

このケースでは裁判所が当局側の訴えを認め、OSを1つの市場として捉えることに同意しました。

そして最終的にこの件は、マイクロソフトが自社OS上で他社のソフトウェアを動かしやすくするという条件で和解しました。OSによる障壁を低くして、競合企業によるソフトウェア分野への参入を容易にしたということです。

市場のグローバル化にともない、事情はさらに複雑になってきています。

たとえば現在、アメリカには3つの大きな自動車メーカーがあります。ゼネラルモーターズ、フォード、クライスラーの3社です。

この3社がアメリカの自動車産業のほとんどを占めているわけですが、アメリカで販売されている自動車は、もちろん国産だけではありません。世界中の自動車メーカーを相手に戦わなくてはならないのです。ですから、アメリカの自動車市場が3社で寡占されていると考えることには無理があります。

1999年にエクソン社とモービル社というきわめて大きな規模の合併が実現したのも、競争がグローバル化したためです。

当時エクソン社の従業員数は8万人、収益は年間およそ1370億ドルでした。モービル社のほうも従業員数4万2000人、収益は年間660億ドルでした。エクソン社は米国企業のなかで4番目に大きく、モービル社は13番目に大きな企業に位置づけられていました。

このような巨大企業が合併するというのに、なぜ連邦取引委員会や司法省は反対しなかったのでしょうか。

その理由は、世界的なエネルギー市場を視野に入れる必要があったからです。両者が合併してエクソンモービル社となったあとでも、サウジアラビアやナイジェリアなどの国営石油会社と並べてみると、独占にはほど遠い状態です。

近年は価格分布を分析することによって競争状態が判断される

市場シェア率に代わる方法として、価格分布から競争状態を判断することもあります。よく知られた例が、１９９７年のステープルズとオフィス・デポの合併差し止めです。ステープルズとオフィス・デポは、事務用品の大型ディスカウントストアを展開している巨大企業です。全米の事務用品市場の二大勢力といえる存在ですが、合併の審査に際して両社はディスカウントストアやドラッグストア、雑貨店など、文具を扱うあらゆる店舗が市場に含まれると主張しました。市場の範囲をそのように定義すると、２社をあわせたシェア率はたった６％程度になります。

これに対して連邦取引委員会と司法省は、市場の範囲をめぐって議論するのではなく、別のアプローチで攻めることにしました。個々の店舗のデータを調べ上げ、オフィス・デポが存在しない町におけるステープルズの価格が、両者共存している町にくらべて高くなっていることを指摘したのです。

これはつまり、両者が競合関係にあり、そのおかげで価格が抑えられているということを意味します。ですから、もしも合併が実現すると、競争がなくなり事務用品の価格は上がるはずです。これを根拠として、当局は合併申請を却下しました。

米国政府は新たな合併をふせぐだけでなく、すでに存在する独占企業に対して分割を命じることもあります。

有名な例は、1910年代初頭のスタンダード・オイル社解体です。

また、1980年代には電話会社のAT&Tが独占を指摘され、地域通信を手がけるベビーベル社、研究部門のベル研究所、そして長距離部門の3つに分割されました。

IBMに対しても分割を迫る動きが何度も起こっており、結局IBMが自主的に一部の部門を売却することで決着がついています。

さらに近年では、マイクロソフトを分割すべきという主張も聞かれます。

しかしこのところ、裁判所は企業の分割に対してかなり消極的になりました。

すでにうまく機能している企業を分割することは、経済的利益よりもコストのほうが大きいと考えられるからです。

アメリカの反トラスト法で禁止されている反競争行為

合併以外にも、価格カルテルという形で企業が結託することもあります。

同じ業界の企業が集まり、価格や生産量が横並びになるように協定を結ぶのです。

価格カルテルは明らかに競争を阻害し、価格を引き上げる要因となるので、アメリカやEUをはじめ多くの国で禁止されています。

有名な事例に、国際的なビタミン価格カルテルがあります。

１９９０年代末から２０００年代初頭にかけて、スイス企業のホフマン・ラ・ロシュが中心となり、ドイツやフランスなどの企業とともにビタミン価格を引き上げるためのカルテルを結びました。この事件で関係企業は数億ドルの罰金を科せられ、首謀者であった幹部は４カ月の禁錮刑に処されました。

同じ時期、米国政府はほかにも約30件のカルテル疑惑を調査していました。とりわけスキャンダラスだったのが、リジン・カルテル事件です。

リジンとは食品添加物の一種で、アメリカ、日本、韓国の５社がおもな生産者となっています。あるとき、この5社のトップがホテルの一室に集まり、生産量と価格についてカルテルを結んでいたことが発覚しました。

米司法省が公開した隠し録りテープには、首謀者であるアーチャー・ダニエルズ・ミッドランド社の社長が語ったスローガンがはっきりと収められていました。

「競合企業は友であり、顧客は敵だ」

そのほかの国際犯罪にもいえることですが、国際的なカルテルについては、誰がそれを裁くべきかという問題がつきまといます。

たとえば、石油輸出国機構*（ＯＰＥＣ）は石油価格についての協定を結んでいますが、どこの国もこれを違法として摘発できないのが現状です。

アメリカの反トラスト法*で禁止されている反競争行為としては、カルテルのほかに次のようなものがあります。

①再販売価格維持

生産者が小売業者に対して一定の販売価格を提示し、それより低い価格で売ることを禁

＊石油輸出国機構
(OPEC: Organization of the Petroleum Exporting Countries)

石油産出国が自らの利益を守るために設立した組織。産油量を調整し、原油価格の統制を図っている

＊アメリカの反トラスト法
アメリカの反トラスト法は１８９０年に制定されたシャーマン法、１９１４年に制定されたクレイトン法と連邦取引委員会法が中心になっている。一方、日本の独占禁止法は１９４７年に制定された「私的独占の禁止及び公正取引の確保に関する法律」を中心に構成され、私的独占、不当な取引制限、不

止する行為です。生産者が希望小売価格を提示することは法律で認められており、つねに安値で売るような業者との取引を停止することには問題ありません。

しかし微妙なちがいではありますが、最低価格を強制するような行為は違法となります（日本では、例外的に一部で認められています）。

公正な取引方法が禁止されている。取締まるのは公正取引委員会

②排他的取引

生産者が小売業者に対して、競合業者からの購入を禁止する行為です。

小売業者はその生産者からしか仕入れができないことになりますが、これは競争を助長する目的であれば違法とはなりません。たとえば、自動車業界でフォードの代理店とゼネラルモーターズの代理店が競いあっているようなケースは問題ありません。

しかし、生産者が強い影響力を持ち、競争を阻害する方向に動いている場合、違法と判断されることがあります。

③抱きあわせ販売

ある製品を販売するとき、とくに必要でない別の製品をセットで売りつける行為です。

これも違法であるとはかぎらず、スポーツのシーズンチケットやソフトウェアのセット

販売などはふつうにおこなわれています。

しかし同様の製品を個別に購入する選択肢が用意されていなければ、違法と判断されることがあります。

④略奪的価格設定

他社の参入を困難にするような低い価格設定をおこない、独占的市場をつくったうえで価格を大幅に引き上げて高い利益を得る行為です。

ただし実際には、健全な価格競争との線引きが難しいケースが多々あります。


こうした反競争的行為の定義は、あいまいで歯切れが悪いように聞こえるかもしれません。実際、反競争的行為に関するルールには多くのグレーゾーンが残されています。

そのうえ、競争の促進について政府がどこまで介入すべきかという点でも、活発な議論がつづいています。


政府の介入に反対する立場の主張としては、カルテルはいずれ崩壊するものであり、放っておいても市場の圧力で独占は崩れるという意見があります。

また政府の規制当局について、消費者の利益よりも政治的圧力によって動いているのではないかという指摘もあります。

ほとんどの消費者は、基本的には独占の禁止を歓迎していると思います。競争を邪魔して価格を引き上げるような大企業は、積極的に取り締まるべきだと考える人が多いのではないでしょうか。

ただし、個別のケースに目を向けると、それほど確信が持てなくなるかもしれません。たとえば、アメリカ郵政公社は独占企業です。アメリカ以外の先進国では**郵政改革**＊の動きが進んでおり、郵便事業にも競争が導入されつつあります。

しかしアメリカ人の本音としては、基本的に競争を支持する立場であっても、アメリカ郵政公社の独占を崩すことについては抵抗を感じる人が多いようです。

＊郵政改革
国が運営していた郵政事業を民間に移行し、競争を取り入れようとする動き。財政健全化や業務効率化が期待される一方、サービスの公平性が失われるなどの反対意見も多い。日本での郵政民営化は、政府が1990年代末から2000年代にかけておこなっている郵政三事業（郵便・簡易保険・郵便貯金）を民営化することを目的とした政策にもとづく

第11章 規制と規制緩和
——何が電話を進化させたのか

一部の業界では、市場競争がうまくいかないことがあります。競争によってすべての企業が疲弊し、誰も利益をだせずにつぶれていくような状態です。

たとえば19世紀のアメリカでは、鉄道事業がブームになっていました。鉄道事業でもっともお金がかかるのは線路を敷くことですが、それさえ終わらせればあとの費用はたかが知れています。ほかに線路が通っていない地域であれば、輸送の料金をかなり高めに設定することも可能です。

そうして利益を上げれば株主に高い配当を還元できますし、それを売りにしてさらに多くの投資家を募り、線路をどんどん広げていくこともできるはずです。

ここに目をつけた企業はわれ先にと鉄道事業に参入し、1882年までにおよそ15万キロメートルの線路が敷かれました。ところが、やがて鉄道各社の競争が激しくなると、輸送料金は急速に下がっていきました。

その結果、各社は線路の工事にかかった費用を返済することができなくなってしまい、1900年頃には民間の鉄道会社のおよそ半分が破産手続きに入っていました。

こうした背景のもとに、米国政府はそれからおよそ1世紀にわたって鉄道の厳しい規制をおこなってきました。その後は、航空会社に対しても同様の規制がおこなわれています。

公益事業の価格規制でもっともよく使われてきた総括原価方式

電気・水道・ガスといった公共インフラも、市場競争と相性の悪い分野です。

1つの町に水道会社が4つあり、人びとが自由に選べたとしましょう。

そうすると、地面の下に今の4倍の水道管を走らせなければなりません。ガス管が4倍に増えたり、電線が4倍に増えたりするのです。とても現実的とはいえません。

そうした事態をふせぐため、電気会社や水道会社は民間企業でありながら、実質的には国の事業に近い状態に置かれています。

こうした事業は公益事業と呼ばれ、国による規制の対象となっています。

これらの公益事業には、1つの共通点があります。それは、大規模なネットワークが必要であるという点です。

ネットワークの構築には膨大なコストがかかりますが、それさえできてしまえば低いコストで運用できます。そのため新規参入の敷居が高く、放っておくと独占状態になってしまいます。

また、複数の企業が競争状態にあったとしても、インフラの構築が終わったあとは価格競争でおたがいを食いつぶすことになりがちです。各社そろってつぶれるか、あるいは合併してやはり独占状態になるかのどちらかです。

このようにして発生する独占は、「自然独占*」と呼ばれます。初期費用の高さと運用コストの低さという、生産のしくみ自体が独占につながる要素を持っているからです。

このような業界に対しては何らかの規制が必要になってくるわけですが、完璧にうまくいく規制というものはありません。

ただし、そのなかでも比較的よいやり方と悪いやり方はあります。

これまでに公益事業の価格規制でもっともよく使われてきたのは、**総括原価方式***というやり方です。

＊自然独占
制度などの人為的な要因ではなく、経済的な要因によって自然に発生する独占のこと

＊総括原価方式
料金規制の一種で、サービスの提供にかかる費用をもとに価格を決定するしくみ。コスト増大などのデメリットも指摘されている

総括原価方式では、生産にかかった費用にわずかな利益（競争市場の平均的利益率にもとづいて決められることが多い）を上乗せして、販売価格を決定します。

各社は価格を自由に上げることができず、この価格で販売することが義務づけられます。20世紀のアメリカでは、鉄道や飛行機業界に対して、この方式で価格規制をおこなっていました（日本の電力料金もこの方法で決まっています）。

総括原価方式は合理的なやり方に思えますが、しかし望ましくない側面もあります。たとえば、コストがどれだけかかっても一定の利益が保証されるので、コスト削減や業務効率化が促進されません。革新的な技術を生みだそうというモチベーションもはたらきません。それどころか、総括原価方式の規制下にある企業は、コストを増大させる方向に動いていきます。

巨大な設備をつくり、大量の人を雇って、非効率な業務をつづけていくのです。

総括原価方式に代わる料金上限方式の利点と危険性

総括原価方式に代わる方法として出てきたのが、料金上限方式です。

料金上限方式では、規制当局がある一定の価格を定めて、数年間その価格を変えないという取り決めを結びます。電力会社であれば「今後3年間はこの料金で電力を売りなさい」ということを決めておくのです。

その期間は価格が一定なので、コストを削減すればするほど利益が増えます。期限がやってきたら、その時点でのコストにもとづいて新たな価格を決定します。そして企業はさらにコストを削減しようと努力します。

このやり方なら、企業にも消費者にもメリットがあります。

しかし、どんな形の規制にも「規制の虜《とりこ》」と呼ばれる危険がつきまといます。規制の虜とは、規制をする立場の人が規制される側に思い入れを抱き、都合のいいように使われてしまう状態のことです。

つまり、市場競争と消費者を守る立場であるはずの規制当局が、逆に規制対象の企業を守ろうとしはじめるのです。

誘拐された被害者が犯人に依存感情を抱くことがあるといいますが、これもちょうど同じ心理状態です。規制対象企業とのあいだにある種の仲間意識が生まれ、消費者を裏切ってしまうのです。

そうした問題点もあることから、なるべく規制をなくそうという動きが出てきました。

1970年代から1980年代のアメリカでは、さまざまな業界で規制緩和が相次ぎました。対象となったのは航空会社や銀行、陸運、石油、高速バス、通信機器、長距離電話、それに鉄道などです。

規制緩和によって、それまでの秩序と安定は失われ、毎年同じような利益が見込める平和な状態は終わりを迎えました。しかし競争が生まれたおかげで、消費者はそれまでよりも安く商品やサービスを手に入れられるようになりました。

1990年代末までに、消費者全体で年間500億ドルもの節約効果になったといいます。商品の選択肢も一気に広がりました。

航空業界はハブアンドスポーク*と呼ばれるやり方で路線を効率化し、航路のネットワークを改善しました。陸運業界でも同じような見直しがおこなわれ、効率的に多くの都市へ貨物を輸送できるようになりました。銀行の規制緩和はATMの普及やサービスの向上につながりました。通信業界の規制緩和はテクノロジーの爆発的な進化をもたらしました。

現在の私たちには、こうした進化はあたりまえのことに思えるかもしれません。科学は日々進歩しているのだし、市場の規制があろうとなかろうとスマートフォンやATMは登場したはずだと考える人もいるでしょう。

しかし、実際のところはそうともいいきれません。

＊ハブアンドスポーク
拠点となる空港（ハブ）を定め、そこを中心に各地の空港へ人や荷物を輸送するしくみ。航路が少なくてすむため効率的になる

たとえば電話は、発明されてから数十年のあいだほとんど変化しませんでした。科学の進歩にもかかわらず、昔ながらの形にとどまっていたのです。それが通信業界の規制緩和とともに、一気に進化しました。今の子どもたちが大きくなる頃には、コードがついた電話機を見ても何のことだかわからないかもしれません。

もしも市場が規制されたままだったら、ここまでの変化が起こったかどうかは疑問です。少なくとも、これほどのスピードで変化することはなかったのではないでしょうか。

もちろん規制緩和にもトレードオフはあります。

これらの業界に競争がとり入れられた結果、それまで規制によって守られてきた労働市場が競争にさらされることになったのです。

規制緩和後の急激な発展にともなって職種は多様化しましたが、既存の職種で給料が下がるケースも出てきました。それまで平和に働いてきた人たちが給料カットになったり、場合によっては解雇されたりしたのです。

しかしこれは、ある意味で当然のことといえるかもしれません。

結局のところ、彼らの賃金は競争を制限することによって守られていたのであり、消費者に高い価格を押しつけることによって実現されていたのです。

急速に進歩している業界では規制よりも技術競争の促進が効果的

規制がある程度避けられない業種であっても、業務の一部を切りだして競争市場にゆだねることは可能です。

過去の事例でいえば、電話会社ＡＴ＆Ｔの分割がわかりやすいでしょう。

かつて電話市場を独占していたＡＴ＆Ｔは複数の会社に分割され、前述したように長距離部門と機器製造部門、研究部門が市場の競争にさらされることになりました。

こうして競争のなかに入っていった部門は、それまでよりも革新的な動きを見せるようになりました。地域通話部門はそうした動きからは距離を置いていましたが、スマートフォンやインターネット通話の普及によって徐々に競争を余儀なくされています。

そのほかに部分的な規制緩和が有効なのは、たとえばゴミ収集です。

これには、地域ごとに民間業者の入札を実施するなどの方法が考えられます。また市役所などで、清掃やメンテナンスといった補助的業務を民間に委託するのも効果的でしょう。

また、電力は昔から自然独占産業であると考えられており、長らく規制のもとに運営されてきました。電力の供給には大規模な送電網が必要だからです。

しかし近年、送電と発電を分離するという考え方が出てきました。送電は公営にしておいて、発電については各社に競争してもらおうというものです。

そうすれば、再生可能エネルギーなど、発電の選択肢も広がります。

イギリスでは1989年にいち早く電力自由化にふみきっており、アメリカでもいくつかの州で試みられてきました。その結果、ペンシルベニアなど一部の州ではうまくいっていますが、カリフォルニアでは残念ながら大失敗に終わりました。

ただし、この試みはまだはじまったばかりです。こうした失敗事例から学べることも多いでしょう。

インターネット通信も、自然独占の性格を持った事業です。

各家庭にケーブルを引かなくてはなりませんから、初期コストはかなり大きくなります。そのため、インターネットの通信事業に規制をとり入れるべきという主張も、しばしば出てきました。

しかし、インターネットの世界は日々進歩しています。

通常のケーブルだけでなく、光ファイバーや無線といった形の通信も可能になりました。このように急速に進歩している業界では、政府主導で1つの形におさまってしまうよりも、多様な技術の競争にまかせたほうがうまくいきます。

競争は効率化や技術革新をうながし、消費者に大きなメリットを与えてくれます。

しかし競争がうまくいかない業界では、政府による管理と調整が必要になってきます。

また政府には、安全基準を定めたり、公正な会計処理や情報公開を義務づけたりといった役割も求められます。

ある市場が機能不全におちいっているとき、もっとも難しいのはその奥にひそむ問題を見きわめ、本質的な対策を用意することです。独占やカルテルなどの反競争的行為、自然独占、必要以上の規制、低所得者に対するサービスの不足など、問題の根はさまざまです。

ですから規制に賛成だ、反対だと主張する前に、個々のケースにしっかりと目を向けることが大切なのです。

単にルールをつくって押しつけるだけでは、規制はうまくいきません。

市場原理を理解し、無理のない形で適切な方向づけをおこなうことが、望ましい結果につながるのです。

第12章

負の外部性

——見えない環境コストを可視化する

環境保護を主張する人のなかには、市場経済が自然環境の敵だと考えている人もいるようです。しかし、経済の発展が環境に悪いとはかぎりません。

実際、市場経済があまり発展していない国のほうが、環境破壊に大きく加担していることも少なくないのです。

たとえば、自由市場を排除しようとした中国や旧ソ連では、深刻な環境汚染が問題となっています。一方、経済成長の進んだアメリカでは、水や空気が以前よりもきれいになってきています。

自由市場をリードしてきた政府のノウハウが、自然環境を守るための制度づくりにも役立っているのかもしれません。

なぜそのようなことが可能なのか、環境汚染の経済的側面から検討してみましょう。

ここで鍵となってくるのは、「外部性*」という考え方です。

外部性とは、ある経済行為によって、直接の売り手と買い手以外の誰かが影響を受けることをいいます。

自由市場は基本的に、売り手と買い手がそれぞれ自分の利益のために動くことでなりたっています。しかし、そうした経済行為が無関係の人たちに悪影響を与えるなら、個々の利益が全体の利益につながるという前提が崩れてしまいます。

外部性はポジティブな方向にはたらくこともあれば、ネガティブな方向にはたらくこともあります。それぞれ「正の外部性*」と「負の外部性*」と呼ばれています。

たとえば隣の家に住んでいる人が、パーティーを開いて大音量でバンドの生演奏をしていたとしましょう。隣人は音楽が聞けて満足ですし、バンドは仕事がもらえて満足です。

さて、あなたはどうでしょうか。

もしもそのバンドが気に入ったら、ただで音楽が聞けてうれしいかもしれません。

しかし逆に、とんでもない騒音を聞かされて大迷惑かもしれません。

＊外部性
ある人や企業の経済活動が、無関係な人に影響を及ぼすこと

＊正の外部性
ほかの経済主体にとって有利に働く場合の外部性のこと

＊負の外部性
ほかの経済主体にとって不利に働く場合の外部性のこと

いずれにしても、どこか無関係なところでおこなわれた取引が、あなたに大きな影響を与えているわけです。

環境汚染は、「負の外部性」の最たる例です。

環境について何の制約もなければ、企業は生産にかかる費用だけに目を向けます。環境汚染は社会的に大きなコストとなるのですが、直接数字に表れない費用は企業の勘定に入ってこないからです。

ゴミがただで捨てられるなら、企業は大量にゴミを発生させることでしょう。しかしゴミを捨てるのにお金がかかってくるなら、経費削減のためにゴミを減らそうとするはずです。環境汚染に対する政策では、汚染の原因となる人たちにコストを意識させることが、ポイントになってきます。

規制を押しつけるタイプの環境政策には限界がある

環境政策には、いくつかのやり方があります。

たとえばコマンド・アンド・コントロール型[*]は、命令と管理によって環境を改善しようとするアプローチです。具体的には、排出量の上限値を定めて、それ以上の排出を禁止す

＊コマンド・アンド・コントロール
上意下達の指揮命令。たとえば、軍隊や警察による命令などのこと

るやり方です。

１９７０年代のアメリカでは、こうしたアプローチで環境対策を進めていました。それによって、大気浄化法と水質浄化法と呼ばれる法律が制定され、実際に一定の効果を上げています。

米国環境保護庁*の資料によると、１９７０年から２００１年までのあいだに大気中の微粒子は76％減少しました。二酸化硫黄は44％、揮発性有機化合物は38％、一酸化炭素は19％減少しています。また、子どもにとって大きな危険となる大気中の鉛濃度は、無鉛ガソリンの利用などによって98％減らすことに成功しました。

水質については正確な測定が難しいのですが、全国的な下水処理場の整備と生活排水対策のおかげで、ここ40年のあいだに状況は大きく改善されました。

そうしたよい側面もあるのですが、コマンド・アンド・コントロール型の規制には大きな欠点もあります。

たとえば規制全般にいえることですが、規制する側が規制対象の産業に便宜をはかることがあります。前章でもとりあげた「規制の虜」問題です。

さらに、コマンド・アンド・コントロール型の規制は、決まりきったやり方に固執しが

＊**米国環境保護庁**　市民の健康保護と自然環境の保護を目的とするアメリカ合衆国連邦政府の行政機関のことで、大気汚染や水質汚染、土壌汚染などが管理の対象

ちなことがあげられます。特定の汚染をふせぐためにはどんな手段を使うべきかという点にまで言及されていることが多く、工夫の余地がないのです。

そのため、汚染防止の画期的なやり方を生みだしてもほめられませんし、基準より大幅に排出を減らしたとしても何の得にもならないのです。

市場原理を利用した「経済的手法」で企業の意欲をうながす

コマンド・アンド・コントロール型に代わるアプローチとして、経済的手法と呼ばれるものがあります。これは規則をつくって命令するのではなく、市場原理をうまく利用して、環境にやさしい行動を後押しするようなアプローチのことです。

経済的手法には、さまざまな種類があります。

たとえば、汚染物質の排出量に応じて、環境税を徴収するというやり方がそうです（税という言葉は反感を買いやすいので、課徴金という言葉が使われることもあります）。

排出にお金がかかるとなれば、企業はなんとかしてそれを減らそうとします。

コマンド・アンド・コントロール型では、基準さえクリアすればそれ以上努力するメリットはありませんでした。しかし、量に応じて課金される場合は、汚染を減らせば減らすほど得になります。実現手段についても自由度が高いので、よりクリーンな生産方法を各社が工夫することにもつながります。

排出量取引*と呼ばれる手法もあります。

これはまず汚染物質を一定量だけ排出する権利が与えられ、削減努力によってその権利分が余った場合は、それを誰かに売ることができるという制度です。

つまり、企業どうしで売買するのです。たとえば、新たな企業がその市場に参入しようとするときは、既存の企業から排出の権利を買う必要があります。この制度のアメリカにおける成功例としては、たとえば有鉛ガソリンの削減などがあげられます。

排出量取引は環境税と同じく、経済的インセンティブによって汚染の削減とクリーンな技術を推進するやり方です。しかしペナルティを科すのではなく、削減によって利益が得られるようになっているところが特徴です。

最近では、二酸化炭素の排出量を削減する方法として、EUがこうした排出量取引の導入を試みていますが、アメリカでも同様の制度をとり入れようという議論が進められています。

※**排出量取引**
国や企業ごとに、温室効果ガスなどの排出枠を定め、排出枠が余った国や企業と、排出枠を超えて排出してしまった国や企業との間で売買する制度

経済的手法の別の例としては、財産権によって環境保護を促進するというやり方があります。たとえば、アフリカの象について考えてみましょう。

象が誰にも所有されていなければ、密猟者の格好の餌食となってしまいます。

しかし、象の生息地を自然保護区に指定し、観光による利益が周辺住民に入るようにすれば、経済的利益のために象の住みかを守ろうという動きが出てきます。

重要なのは生産活動の利益と環境コストのバランスをとること

過去20~30年のあいだに、環境政策は単純なコマンド・アンド・コントロール型から、市場の動きを考慮した経済的手法へと移ってきました。

とりわけ経済学者のあいだでは、そうした経済的手法が好まれています。

現在、私たちが直面しているもっとも大きな環境問題は、二酸化炭素排出による地球温暖化です。地球温暖化は経済的にも政治的にもかなり意見の分かれる難しい問題ですが、これから述べるのは環境の専門家ではなく、一人の経済学者としての見解です。

今のまま二酸化炭素の排出をつづければ深刻な環境破壊につながりかねないというのは、多くの気象学者も主張するところです。

このリスクの大きさを正確に知ることは困難ですが、一般的なことをいえば、深刻なリスクが考えられるときには保険をかけておくべきです。

地球温暖化の場合、二酸化炭素排出量を減らす方法を見つけることが、一種の「保険」になります。

その場合、コマンド・アンド・コントロール型でいくなら、たとえば新たに販売される自動車の二酸化炭素排出量に上限を定めたり、燃費基準を引き上げたりするといった方法があります。工場の二酸化炭素排出量を法律で制限してもいいでしょう。

一方、経済的手法をとるなら、二酸化炭素税という方法もありますし、企業に取引可能な排出許可証を発行するのもいいかもしれません。大気中の二酸化炭素量を減らす技術に投資したり、二酸化炭素が発生しないエネルギー源の開発を促進したりすることも考えられます。

こうしたアイデアを考えること自体は、たいして難しくありません。問題は、いかにしてそれを実現するかです。市場経済にうまく適合するようなやり方で、なるべくコストをかけずに二酸化炭素を減らすことが求められているのです。

ここで述べたような環境政策を実施しても、環境へのダメージがゼロになるわけではありません。ゼロ汚染でなければ意味がないと主張する人もいるようですが、経済学者の立場からいわせてもらうなら、汚染をゼロにするというのは非現実的ですし、目標として有効ではありません。

汚染を完全になくそうとすれば、ほとんどあらゆる企業が廃業しなくてはなりませんし、世の中の経済活動はストップしてしまいます。

そんな目標を掲げたところで、あまり意味はないでしょう。

現実的な政策議論は、コマンド・アンド・コントロール型であれ経済的手法であれ、ある程度の環境汚染を前提としています。目標として妥当なのは、生産活動による利益と環境汚染によるコストのバランスをとることです。

つまり、社会的費用と社会的利益を天秤にかけて、それがちょうど釣りあうところをめざしていくのです。

第13章 正の外部性

——技術革新のジレンマ

発明王エジソンがはじめて特許をとった発明は、押しボタンで投票をおこなう電気投票記録装置でした。

これはよくできた発明だったのですが、残念なことにまったく売れませんでした。それ以来、エジソンは売れるものだけを発明しようと固く誓いました。

また、ゴードン・グールドという若者は、1957年にレーザー装置を思いつきました。彼はそれをノートに書きとめ、考えた日付が証明できるようにしておきました。

しかし、グールドは実際に動く試作品がないと特許を出願できないと勘違いして、出願を先延ばしにしてしまいました。

ようやく出願したときには、すでに別の科学者たちがそのアイデアを形にしはじめていました。グールドは実に20年の歳月と10万ドルの費用をかけて裁判で戦い、ようやく発明の収入をいくらか得ることができたのでした。

これらのエピソードは、完全な自由市場において科学的研究や技術革新が生まれにくい理由を端的に教えてくれます。すばらしい発明をしても、経済的に報われる保証がないからです。

ある企業が多額の費用をかけて技術研究にとりくんだとしましょう。

もしもそのプロジェクトが失敗したら、費用ばかりがかさんで利益は減り、競合企業に負けてしまいます。大きな損失をだして、倒産に追い込まれるかもしれません。

仮にプロジェクトが成功したとしても、まったく規制のない自由市場の環境では、競合企業にアイデアを盗まれてしまう可能性があります。

そうすると、新技術を発明した企業は費用を負担しただけで、何の利益も得られません。やはり競合企業に負けてしまいます。

どう転んでも、いいことがないのです。

企業の優位性を守る4つの知的財産権

このように新たな技術の開発は、考え方としては環境汚染のちょうど対極に位置づけることができます。

環境汚染の場合、売買に無関係な人たちがそのコストを負担することになりました。一方、技術革新の場合は、売買に無関係な人たちが恩恵を受けることになります。費用をかけることなく、新たな技術による利益を享受できるのです。

したがって技術革新は、「正の外部性*」の典型的な例だといえます。

技術革新をうながすための鍵は、研究開発の費用をおぎなって余りあるような経済的利益を受けとれるようにすることです。

経済学の世界では、利益の「専有可能性*」とも呼ばれています。つまり苦労に見合うだけの報酬が得られなければ、技術革新はなかなか起こらないのです。

負の外部性に対する政策は、生産者に社会的費用を意識させることを目的としていました。それに対して正の外部性に対する政策のポイントは、支払った費用に見合うような利益を生産者に受けとってもらうことです。

＊正の外部性
ある人や企業の経済活動が、無関係な人に良い影響を与えること

＊専有可能性
技術革新の成果が、社会の利益になるだけでなくどれだけ本人の利益になるかということ

その手段の1つが、知的財産権*を認め、保護することです。

たとえば一定期間その技術を他社に使わせないようにすれば、発明した会社はふつうより大きな利益を得ることができ、投資したお金を十分に回収できます。

アメリカにおける知的財産権の歴史は、合衆国憲法にまでさかのぼります。憲法第1章第8節には、次のような記述があります。

「連邦議会は、科学および有益な芸術の進歩を促進するため、著作者および発明者に対し、その著作および発明に関する独占的権利を一定期間保障する権限を有する」

議会はこの権限にもとづいて米国特許商標庁*を設立し、発明者の権利の保護に努めています。そしてその後、知的財産権は次のような4つの形をとるようになりました。

①特許権

発明の使用および販売に関する独占的権利を国が保障します。アメリカの場合、期間は基本的に20年間です。

②商標権

商品の提供者を消費者に認識してもらうための言葉や名前、記号などを独占的に使用で

***知的財産権**
表現やアイデアなど、形のないものをその人の財産として保護すること

***米国特許商標庁**
特許や商標の審査をおこなうアメリカ合衆国の政府機関

きる権利です。これによって、生産者は市場における評判を確立することができます。食品のブランド名なども一種の商標ですし、ナイキの有名なロゴマークもそうです。アメリカでは現在、80万件を超える商標が登録されています。企業は商標を利用しているかぎり、期間の定めなく何度でも更新することができます。ただし使われなくなった商標は、やがて効力を失います。

③著作権

著作物を独占的に利用できる権利です。著作者の許可なく著作物を複製・利用すると法律で罰せられます。アメリカにおける保護期間は、著作者の生存期間および死後70年となっています。

特許が発明を保護するのに対して、著作権は本や音楽、絵画などを保護します。ソフトウェアなどの分野では、著作権と特許権のどちらを適用すべきかが明確でなく、判決もまちまちです。

④企業秘密

事業の強みとなるような手法やプロセス、情報などのうち、一般に知られておらず、また企業自身が外部に知られないよう努めているものを指します。

有名なところでいえば、コカ・コーラのレシピは企業秘密です。

特許を取得しているわけでもなければ著作物でもありませんが、企業自身が誰にも知られないように守っているものです。

企業秘密を不正に入手したケースとしては、1969年のデュポン社の事件が有名です。

当時デュポン社のメタノール工場は外から見られないようになっていたのですが、2人のカメラマンが工場の上空から製造過程を撮影しました。この2人は企業秘密を盗んだとして訴えられ、法廷は2人に有罪判決をくだしました。

判決の根拠としては、デュポン社がこの情報を他社に知られないよう厳重に保護していたことがあげられています。工場には柵が張りめぐらされ、万全の警備体制が敷かれていました。そのような工場をわざわざ上空から撮影することは、不正な手段による企業秘密の暴露であると判断されたのです。


このようにして知的財産権が守られているにもかかわらず、技術革新に成功した企業は本来受けとるべき価値の30～40％しか手に入れられないのが現状です。

残りの価値は、その製品を買う消費者または、ほかの企業に持っていかれてしまいます。

経済的に報われなかった発明者の典型例は、綿繰り機を発明したイーライ・ホイットニーでしょう。彼は摘みとった綿から種をより分けるための綿繰り機を発明し、当時運用がはじまったばかりの特許を無事に取得しました。

ところが、綿繰り機はあまりにも便利だったため、模倣品が大量に出てきて、南部の経済を支えるのに欠かせない存在となってしまいました。裁判所は地域の経済を守るため、あえて模倣品を取り締まりませんでした。

ホイットニーはこれを受けて、苦々しく語っています。

「あまりに有益すぎる発明は、発明した本人にとって無益になるようだ」

政府は助成金や減税によって研究開発を支援

米国政府は研究開発に対するさまざまな助成金をだして、新たな発明を支援しています。支援先は大学や民間の研究機関、企業などです。

アメリカ国立科学財団*の調査によると、2008年に研究開発に費やされたお金は全米で3970億ドルでした。そのうち65%のお金は民間企業からだされており、25%が政府の助成金、残りは非営利団体や教育機関（州立大学など）によるものです。

1960年代から1970年代には航空宇宙・防衛関連の研究がブームとなり、政府が

***アメリカ国立科学財団**
アメリカ合衆国の科学技術分野の基礎研究・教育を促進する政府機関

多額の助成金をだしていました。その後、政府の占める割合はだんだん小さくなり、今では研究開発費用の大半が民間企業から出ています。

民間企業による資金提供は、近いうちに見返りが期待できるような実用的な技術が中心となっています。

一方で政府が出資する研究は、物理学や生物学など特定の業界に集中しない総合的なものが多く、ときには利益を生むまでに何十年もかかるものもあります。また、政府が出資する研究には、公共財産としてフリーで公開されることが多いという特徴があります。研究の成果が誰でも利用できるようになるのです。

民間企業の研究の場合、たいていは特許や企業秘密で保護されることになります。ですから政府の資金による研究のほうが、世の中にすばやく浸透しやすいといえるでしょう。

助成金をだすほかに、減税という形で研究開発を支援することもあります。

企業が研究開発に費やした費用を、税額控除の対象にするのです。

この方法のよい点は、研究内容の自由度が高いことです。直接助成金を支払うやり方だと、政府が研究内容のよし悪しを判断することになります。

そうなると、たとえばクリーンエネルギーや医療の分野が、ほかの技術より優遇されやすいといったことになりがちです。

しかし、どれほど真剣に議論したところで、将来性のあるとりくみかどうかを外部の人が見きわめることは困難です。その点、税額控除であれば、企業自身が研究内容を決められます。

アメリカでは1981年から研究開発に対する税額控除制度をとり入れていますが、しばしば延長の決定に時間がかかり、一時的に期限切れを迎えることが多いのが問題となっています。

これではなかなか長期的な研究計画を立てることができません。

技術革新をうながすはずの特許が技術革新の邪魔をすることも

こうした政策に対して、懐疑的な見方をする人びともいます。

彼らが問題としているのは、減税や助成金、知的財産権の保護によって、企業が必要以上に得をしているのではないかという点です。そもそも研究開発を推進する目的は消費者の暮らしをよくすることであって、企業がお金を儲けやすくすることではありません。

ですから、もしも企業が必要以上に得をしているなら本末転倒です。

それでは、本当に企業が守られすぎている可能性はあるのでしょうか。

すこしデータを見てみましょう。

特許商標庁の資料によると、アメリカでは年間およそ20万件の特許が承認されていま す。特許の取得には平均で3年ほどかかりますが、審査自体は比較的スピーディーで、1件あたり18時間程度です。それでも2000年代半ば時点で、承認待ちの特許申請は75万件にものぼっています。

承認される率はかなり高く、途中で修正したものを含めると、申請全体のおよそ85%が無事に通過しています。一方、特許をとった発明のうち、実際に特許権侵害をめぐって訴訟にいたるケースは全体の0・1%です。

特許をとったからといって有益な発明であるとはかぎらず、ほとんどの特許はとくに利益を生むわけではありません。莫大な利益を生むのは、ごく一部の特許だけです。なかにはどうでもいいような発明や、まったくばかげて見えるものもあります。

たとえば、食パンの耳をとりのぞいたやわらかいピーナッツバターサンドイッチで、実際に特許を取得した企業もあります。この企業はほかのサンドイッチ業者を訴えましたが、さすがに認められませんでした。

特許は発明者を競争から守るためのものですが、あまりにも行きすぎると、ほかの企業が市場に参入できなくなります。

そうすると技術革新をうながすはずの特許が、反対に技術革新の邪魔をすることになってしまいます。

たとえば1970年代初頭までに、ゼロックスはコピー機に関する特許を1700件も取得していました。コピー機に何らかの改良を加えると、どんな些細なものであっても特許を申請したのです。このように、ゼロックスは細かな機能改善と特許申請を絶え間なくつづけ、競合企業の参入をほとんど不可能にしました。

誰もゼロックスの「特許の壁」を越えることができなかったのです。

そこで、1970年代初頭に独占禁止法の取締当局が動き、ゼロックスは特許を乱用して独占をつくりだしているとして罪に問われました。ゼロックスはこれを否認しましたが、進行中の特許侵害訴訟をとり下げ、ほかの企業に特許の使用を認めることで合意しました。

これをきっかけとして新規企業の参入が相次ぎ、コピー機市場におけるゼロックスのシェアは95％から50％未満にまで激減しました。

知的財産権の目的は新技術やアイデアが生まれやすくすること

現在でも、特許の壁が問題になっているケースは少なくありません。

とりわけ医薬品や精密機器などの業界では、新たな製品をつくるのに多くの技術が必要です。大量の特許をクリアしなければ、新たな製品がつくれないのです。

さらにいえば、新たな技術自体も、古い技術をベースとしてなりたつものです。古い技術を強力に保護すると、それを利用した新たな技術の開発をさまたげることになるかもしれません。

1つの特許権を複数の人や企業が共有している場合はとくに厄介です。権利の所有者が1人でも異議を唱えれば、それを利用した技術開発は不可能になってしまうからです。

著作権についても、保護期間があまりに長すぎると、新たな創作を促進するという本来の意義からはずれてしまう可能性があります。

アメリカでは1998年に著作権の保護期間が延長され、それまで著作者の死後50年だったものが、死後70年まで保護されることになりました。

20年延長したからといって個々の著作者がそれほど得をするとは思えませんが、巨大メディア企業にとっては重要な意味を持っています。

期限切れ間近の古い著作権が、今も大きな利益をもたらしていることがあるからです。

たとえば、ディズニーのミッキーマウスに関する著作権は、延長がなければ期限切れを迎えるところでした。

知的財産権の本当の目的は、それをつくった人や企業を優遇することではなく、新たな技術やアイデアが生まれやすくすることです。

そしてそれによって、人びとによりよい暮らしを提供することです。

アメリカは19世紀に大量の技術革新をおこない、片田舎から世界の経済大国へと急成長しました。そして今でも、世界をリードする位置にありつづけています。

今後の経済的繁栄を考えるうえでも、技術革新は欠かせない要素となってくるでしょう。

第14章 公共財

——道路も消防もすべては商品

私たちは日々の通勤に道路を使います。もしも家が火事になったら消防車を呼びます。道路や消防署はお店で売っているものではありませんが、経済学の世界ではこれらも一種の商品だと考えます。

私たちの暮らしには、それがないと困るのに、民間企業の競争にまかせていたら十分に手に入らないような性質の商品やサービスがいろいろとあります。

たとえば国防がそうですし、科学技術の基礎研究への出資、道路や警察、消防などもそうです。

こうした性質のものを、経済学では「公共財*」と呼んでいます。

＊公共財
道路や法律のように、すべての人々に共同で消費または利用される財のこと

市場に任せるのが難しい4つの代表的な公共財

公共財には、大きく2つの特徴があります。非競合性*と非排除性*です。

非競合性とは、それを使う人が増えても、そのものが減らない性質のことです。私的財の場合、たとえばそこにあるピザをAさんが食べてしまったら、Bさんはもう食べることができません。しかし国防についていえば、Aさんが敵の脅威から守られたからといって、Bさんが守られなくなるわけではありません。

一方、非排除性は、対価を払わない人がいたとしても、便益を受けるグループからその人を排除できない性質のことをいいます。

たとえばピザは排除的なので、お金を払わない人は食べることができません。しかし、国防は非排除的なので、「国防なんかいらない」という人がいても、軍の保護対象から除外することは現実的に不可能です。

公共財という言葉は、そうした特殊な性質のものだけに使われます。

政府が提供しているからといって、すべて公共財であるとはかぎりません。また、あるものが公共財でないからといって、それに対する公共政策が不要であるとはかぎりません。

＊非競合性
誰かが使っても商品やサービスが減らない性質のこと

＊非排除性
対価を払わない人がいても便益をとりあげることができない性質のこと

そこを混同しないように気をつけてください。

公共財と呼ばれているものには、完全に非競合的・非排除的でないものも多く含まれています。しかし完全ではなくても、非競合性や非排除性の度合いが高ければ、市場に供給をまかせることは難しくなります。代表的な例をあげてみましょう。

①公衆衛生対策

伝染病の予防接種などの公衆衛生対策は、非競合的かつ非排除的な性質を持っています。誰かが予防接種を受けたからといって、ほかの誰かが予防接種の恩恵を受けられなくなるわけではありません。また、予防接種によって社会全体が伝染病の危険から守られるので、対価を払わない人も含めて恩恵を受けることができます。

②道路

道路は社会全体にさまざまな便益を与えてくれます。

有料道路を別にすれば、一部の人に道路を使わせないといったことは基本的にできません。また交通渋滞を別にすれば、私が道路を使ったからといってほかの人が使えなくなることは基本的にありません。

③科学研究

科学にかぎったことではありませんが、一般に思考というものは非競合的な性格を持っています。アメリカ独立宣言の起草者の1人であるトーマス・ジェファーソン*元大統領は、こんな言葉を残しています。

「私の考えを受けとる者は、私の取り分を減らすことなく知識を得ることができる。彼の知性に灯った光は、私の明るさをすこしも損なうことがない」

④教育

教育の利益は、教育を受けた人にとどまりません。大多数の人が読み書きや計算を知っていたほうが、社会全体にとって便利になるからです。

公共財にただ乗りさせないためのさまざまな社会的アプローチ

正当な対価を払わずに公共財の利益を手に入れている人のことを、経済学用語でフリーライダー*（ただ乗り）と呼びます。

たとえば、あらゆる道路が有料になって、通るだけでお金を払わなくてはならないとしたら、どうなるでしょうか。

*トーマス・ジェファーソン（1743〜1826）
第3代アメリカ合衆国大統領で、アメリカ独立宣言（1776年）の起草者の1人

*フリーライダー
経済活動に必要なコストを負担せずに、利益だけを受ける人

おそらくは支払いに合意してもしなくても道路の建設は止まらず、そしていったん道路ができてしまえば、一部の人に使用を禁止することは難しくなります。

そうなると人間というのは利己的なものですから、できることなら費用を払うことなく、ただ乗りしたいと考えることでしょう。

道路は基本的に非競合的で非排除的なので、その気になれば簡単にただ乗りできます。しかし、みんながそうやって利己的な行動をしていると、道路の建設自体がストップしてしまいます。誰も道路の恩恵を受けられなくなるのです。

フリーライダー問題は、経済を考えるうえで大事な意味を持っています。

経済学は基本的に、生産者と消費者がそれぞれ自分の利益だけを考えていればものごとはうまくいくと考えます。

しかし公共財についていえば、そう簡単にはいきません。誰もが自分の利益だけを考えていると、誰にとっても望ましくない結果が待っているのです。

市場のしくみでうまくいかないなら、公共財はどのようにしてなりたっているのでしょうか。

ただ乗りをふせぐためには、さまざまな社会的アプローチが考えられます。

公共放送の例でいうと、社会的圧力（キャンペーンやダイレクトメールなど）と報酬（支払ってくれた人への特典グッズや特別プログラムなど）の組みあわせで受信料を集めているようです。支払ってくれる人を高く評価し、支払わない人に後ろめたさを感じさせることで、フリーライダーをなくそうという試みです。

一方で政府は、国民から集めた税金を使って公共財の費用をまかなっています。その公共財がほしいかどうかにかかわらず、すべての人が税金を負担しなくてはなりません。集めた税金を使って政府が直接公共財を提供することもありますし（軍隊や司法制度など）、民間の業者に依頼して間接的に提供することもあります（道路や建物など）。政府が公共財を提供するというのは、政府が公共財に必要なお金を集めているということです。実際に仕事をするのは、公務員でも民間でもかまいません。

税金は、フリーライダー問題を解決するための強硬手段です。公共財がほしくないからといって税金を払わなかったら、犯罪者になってしまいます。

税金の利益およびコストは、暗黙の社会契約のうちに組み込まれたものです。

つまり、人びとが公共財の費用をだしあえるような何らかの方法（政治的手段であれ社会的手段であれ）を見つけられなければ、全員が損をすることになるのです。

第15章
貧困と福祉
――魚を与えるか、釣りを教えるか

市場経済は、裕福な人間と貧しい人間の差を生みやすいシステムです。運や才能や努力によって高収入を得ている人もいれば、運にも才能にも恵まれず、あるいは努力が足りずに、貧困にあえいでいる人もいます。

「貧困」とは何でしょうか。ここからが貧困であるというラインは、どのようにして決まるのでしょうか。

１９６０年代まで、アメリカには貧困を定義するための公式な基準がありませんでした。１９６３年の暫定的基準では、年収３０００ドル未満の家庭が貧困であるとされていました。しかし、この暫定基準では子どもの数や片親かどうかなどの事情が考慮されておらず、また3000ドルという数字にもとくに根拠はありませんでした。

その頃、モリー・オーシャンスキーという女性が社会保障局*で働いていました。社会保障局は、生活保護などの給付にかかわる機関です。

統計学者であり経済学者でもあったオーシャンスキーは、給付金が正しく行きわたるような貧困基準の必要性を感じていました。彼女はそれ以前に農務省にも勤めていたことがあり、さまざまな家族構成で必要となる食費の統計を扱っていました。

そして、オーシャンスキーはその2つの経験をうまく組みあわせて、画期的な貧困基準をつくることに成功しました。食費をまかなえるかどうかで、貧困かどうかを判断することにしたのです。

貧困かどうかの基準は食費を3倍した生活費があるかどうか

オーシャンスキーは、まず各家庭で必要となる食費を計算しました。家族全員がきちんと食べられるには、いくら必要かということです。

具体的には、農務省による低予算タイプ（質素だが必要な栄養を満たせる）の食費計算をベースとして、62種類の家族構成についてそれぞれ必要な金額を算出しました。

＊社会保障局
アメリカ合衆国の社会保障や生活保護、年金などを扱う政府機関

年齢や子どもの数、大人の数などの組みあわせによって、必要な金額は変わってきます。また、農家ではある程度自給が可能なので、一般の家庭とは別の基準を設けました。ただし、生きていくのに必要なのは食費だけではありません。

そこでオーシャンスキーは、食費の3倍の金額を生活費の目安としました。3倍の根拠は、家計の3分の1が食費に充てられているという1955年の全国的な統計です。それをもとにして、オーシャンスキーは先に得られた食費の金額を3倍し、62種類の家族構成でそれぞれ必要となる生活費の基準をつくりました。

この金額を下回れば貧困であるという、明確な貧困基準の誕生です。

彼女はのちに、この基準の背景となる考え方を説明しています。

かいつまんでいえば、生活に必要なものを買うのにトレードオフが発生するかどうかということです。彼女は次のように語っています。

「貧しいというのは、単に収入が少ないということではありません。足りていないということです。必要なものを何か1つ買おうとしたとき、別の何かを我慢しなければいけないような状況です」

生活に最低限必要なものどうしでトレードオフが発生しているなら、その家庭はまさしく貧困であると判断されることになります。

オーシャンスキーは、この基準値を下回る家庭の数を調べてほしいと国勢調査局*に依頼しました。国勢調査局は家族の人数別の収入分析データは持っていましたが、世帯主の性別や子どもの年齢、片親かどうかなどで家族を分類するのは初の試みでした。

そして調査の結果、その時点でおよそ2000万人の子どもが貧困家庭に住んでいるということがわかりました。

オーシャンスキーの貧困基準は、あっというまに広まりました。

1964年に早くも政府の主要な報告書に使われはじめ、1969年には米国政府の正式な貧困基準として採用されました。現在でも、細部の調整が加えられながら国の基準として使われつづけています。

ちなみに現在では、農家および女性世帯主に対する別基準は廃止され、子どもの数が8人と9人のカテゴリーが新たに追加されています。

ただし、オーシャンスキー自身もたびたび指摘していることですが、貧困基準に定義された数字はけっして大きな金額ではありません。

たとえば、2010年の4人家族（両親と子ども2人）に対する貧困基準は2万2162ド

＊国勢調査局
アメリカ合衆国の国勢調査をおこなう組織。人口や経済の統計情報を作成する

ルでした。3分の1を食費に充てるなら、一家の食費は年間7387ドルになります。これは1日あたり20ドル程度の金額です。

1日3回食べるとして、1人1食あたりの平均費用は1・66ドルです。1年間ずっとその食費で過ごすわけですから、それほど贅沢な暮らしとはいえないでしょう。

アメリカで近年目立って貧困率が高いのは女性の1人親家庭

どんな貧困基準も、完璧ではありません。

オーシャンスキーの貧困基準にも弱点はあります。

たとえば、生活費の3分の1が食費であるという前提についてですが、ここ数十年のうちに食費の割合はだいぶ下がってきています。

今では平均で5分の1程度ですが、現在でも基準の計算方法は変わっておらず、5倍に引き上げるような調整はされていません。

また、オーシャンスキーが使った食費モデルは、最低限の栄養を満たせる程度の基準です。これはかぎられた期間になんとかやっていくのに必要な数字であって、日々の暮らしに十分なレベルではありません。毎日オートミールや豆やキャベツばかりを食べて生きていくのは、やはり無理があるでしょう。

一方で、オーシャンスキーの貧困基準は毎年インフレ率に応じて調整されているので、数字だけを見れば年々上がってきています。しかし、世の中の経済成長に照らしてみれば、とり残されているのではないかという意見もあります。

貧困とは、社会のなかで相対的に決まってくるものです。人びとの暮らしがどんどん豊かになっているなら、貧困の基準をそれにあわせて引き上げてもいいはずです。

世の中の技術の進歩を考慮すべきという意見もあります。今どき携帯電話もインターネットも使えない家庭は、けっして豊かとはいえないでしょう。

さらに、場所のちがいも考慮すべきかもしれません。カリフォルニアやニューヨークといった都会では収入も生活費も高く、アーカンソーやサウスダコタなどの田舎に行けば収入も生活費も安くなるはずです。

くわえて、「収入」をどう定義するかという点も問題になってきます。

国から出る補助金、たとえばメディケイド[*]（医療費補助）やフードスタンプ[*]（食費補助）などは収入に含まれるのでしょうか。低所得者向けの税額控除は一種の収入でしょうか。雇用主が医療保険の一部を負担する場合としない場合では、手取りが同じでも収入がちがうと考えるべきでしょうか。

＊メディケイド
アメリカ合衆国の低所得者を対象とした公的医療保険。国から医療費が給付される

＊フードスタンプ
アメリカ合衆国の低所得者に支給される食費補助カード。食料品購入にかぎって使用できる

考えれば考えるほど、疑問は増えていきます。

そうしたなか、オーシャンスキーの基準に代わる新たな基準案も出てきています。

１９９０年代半ばに米国科学アカデミー*が提案したのは、平均的な衣食住の合計費用をもとに、それに対する割合で貧困ラインを定義すべきという案でした。

国勢調査局の貧困統計も、そうした新しい基準をとり入れる形で複数軸の分析をおこなっています。

しかし、生活保護などの判定に使われる公式な貧困基準は、今でもオーシャンスキーの貧困基準です。インフレ率は加味されていますが、基本的な計算方法は変わっていません。

収入が貧困基準を下回る家庭の割合を「貧困率」と呼びます。

政府の統計によると、１９６０年時点での貧困率は全人口の22・２％でした。

その後、１９６０年代の急速な経済成長を受けて、貧困率はどんどん下がっていきます。

１９６９年時点で12・１％、１９７３年には11・１％にまで下がりました。

しかし、１９７０年代の不況とインフレで、貧困率はふたたび上昇に転じます。

１９８２年には貧困率がおよそ15％となり、１９９３年まではそのあたりの水準で揺れ動

***米国科学アカデミー**
アメリカ合衆国の学術機関。機関誌として『米国科学アカデミー紀要』を発行する

いていました。その後、１９９０年代後半の景気拡大で貧困率は低下しはじめ、２００４年時点で12・４%にまで下がりました。しかしふたたび不況がやってきて、２００８年には13・２%に上昇し、翌２００９年には14・３%となっています。

政府は貧困を減らすための努力をつづけていますが、今のところ１９７０年代からそれほど進歩していないようです。

しかし、何も変わらなかったわけではありません。

ここ数十年で、貧困層の人口構成は大きく変化しました。

１９６０年代や１９７０年代には、貧困層といえばおもに高齢者を指していました。しかし現在では、高齢者向けの社会保障が充実し、高齢者の貧困問題はかなり改善されてきています。ほかの年齢層とくらべても、高齢者の貧困率はとくに高くありません。

それよりも近年目立って貧困率が高いのは、女性の１人親家庭です。

金銭的支援を与えると、自分でなんとかしようという意欲が奪われる

貧困から抜けだしてもらうには、どうすればいいのでしょうか。

「人に魚を与えれば１日で食べてしまうが、釣りを教えれば一生食べていける」

ということわざがあります。

しかし、貧困問題に当てはめて考えたとき、これは真実でもあり、難しい問題でもあります。もちろん支援に頼るよりも自立してもらうほうが望ましいのですが、当面の生活費を与えることと、長期的な教育訓練とのあいだには、共存しがたい関係があるからです。釣りの練習をしているあいだ、何も食べないわけにはいきません。では、練習をしているあいだだけ魚を与えて、釣りを覚えたらいきなり魚をとりあげてもいいのでしょうか。また、魚をもらうことに慣れてしまって、釣りを覚えようとしなくなる人はいないのでしょうか。

貧困を助けるためのプログラムには、つねにそうした葛藤がつきまといます。豊かな社会が貧困層にまったくお金を与えなければ、それはあまりにも薄情です。しかし、金銭的支援を与えれば、自分でなんとかしようという意欲を多かれ少なかれ奪うことになります。

セーフティネット*は必要ですが、そこに安住してもらっては困るのです。ハンモックのように、入りにくく抜けだしにくいネットではうまくいきません。必要なのは、空中ブランコで使うような安全ネットです。落下を広く受け止めてくれるけれど、すぐに跳ね上がれるような弾力性のあるネットです。

***セーフティネット** 年金、失業保険、生活保護など、最低限の暮らしを保障するための社会保障制度。社会における落下防止ネットのような役割を果たすことからこう呼ばれる

貧困対策のジレンマをより深く理解するために、最低限のシンプルな生活保護を考えてみましょう。

たとえば、米国政府がすべての国民に対して、最低でも貧困基準程度の暮らしを保障するとします。両親と子ども2人の4人家族なら、年収2万2162ドルをかならず保障するわけです。もしも収入がそれ以下なら、差額が国から給付されます。

しかし、こうしたやり方には（金額が少なすぎる可能性以外にも）、問題がひそんでいます。金銭的支援は、労働意欲に影響するからです。

たとえば、両親と子どもたちの4人家族で、誰も働いていない場合、年収は2万2162ドルです。これは、すべて国から出るお金です。

ここで一方の親がフルタイムの仕事を得て、年間2000時間働くことになったとしましょう。賃金は低く、時給8ドルだとします。

この場合、仕事による収入は年間1万6000ドルですが、国が足りない分をだしてくれるので、一家の年収は合計2万2162ドルになります。

つまり、まったく働かないときと同じです。

次に、もう片方の親がパートタイムの仕事を見つけて、年間8000ドルを稼ぐようになったとしましょう。すると一家の収入は2万4000ドルとなり、貧困ラインを上回ります。夫婦あわせて年間3000時間労働した結果、まったく働かなかったときとくらべてわずかに1800ドルのプラスとなるわけです。

しかし共働きになると、保育所や交通費などの出費がかさみます。税金も払わなくてはなりません。

そうすると、働かないほうが得だったということになる可能性もあります。

これは経済学の世界で、「負の所得税*」と呼ばれる問題です。

収入が増えることによって国からもらえる金額が減ってしまうとき、人びとは働くことに意義を見いだせなくなります。仕事をしないほうが、得だからです。

もちろん通常の「正の所得税*」であっても、お金を稼いだらその一部を国にとられるので、働く意欲を低下させる点では基本的に同じです。

しかし先の例では、負の所得税率が100％になっています。

つまり貧困線を超えるまでは、1ドル稼ぐごとに国からの給付が1ドル減らされるという状態です。そうすると、低賃金の仕事に就くメリットはなくなります。

苦労して働いたところで、1ドルも得をしないからです。

＊負の所得税
累進課税システムの1つで、所得が一定ライン以下の人びとは政府に税金を納めずに、逆に政府からお金をもらう制度のこと

＊正の所得税
所得にかけられる通常の所得税のこと

このような状況では、キャリアを築くための最初の1歩がふみだせず、国に頼るしか生きる方法がなくなります。負の所得税率が高すぎると、人びとは貧困から抜けだせなくなってしまうのです。

仮説としてはおもしろいけれども、そんなおかしな社会保障制度が実際に存在するわけがないと思うかもしれません。働いてもまったく得をしないようなばかげたシステムを、いったいどこの誰が採用しようと思うでしょうか。

しかし実をいうと、米国政府は負の所得税を実行していました。

１９６０年代から１９８０年代まで、**「要扶養児童家庭扶助（ＡＦＤＣ）」**[*]という社会保障制度によって、負の所得税率１００％が実現されていたのです。

しかも、事態はさらに深刻でした。１ドル稼ぐごとに要扶養児童家庭扶助の給付が１ドル減らされるだけでなく、フードスタンプ（食費補助）やメディケイド（医療費補助）などの手当も減らされていました。それにくわえて、仕事をすれば所得税がかかり、手取りはさらに少なくなります。

長いあいだ負の所得税は、税率１００％以上で運用されていたということです。

***要扶養児童家庭扶助**（AFDC: Aid to Families with Dependent Children）アメリカ合衆国で1996年まで実施されていた、貧困家庭に対する公的扶助制度

変化と成長をつづける社会で生きるスキルを身につけることが重要

こうした貧困の罠を避けるには、どうすればいいのでしょうか。

いくつかのアプローチが考えられます。

1つは仕事を見つけた家庭に対する給付金を、ゆるやかな段階を踏んで減らしていくことです。1996年に要扶養児童家庭扶助が廃止されて貧困家庭一時扶助*（TANF）が導入されましたが、この制度の背景にあるのも段階的な給付廃止という考え方です。

貧困家庭一時扶助の運用は、州によっていくらかちがいがありますが、基本的には働いた収入の50%が貧困家庭一時扶助から減額されることになります。

つまり、負の所得税率50%ということです。まだ高すぎる感はありますが、100%にくらべれば働く意欲もいくらか出てくるはずです。

もう1つアメリカで導入されているのが、勤労所得控除*という制度です。

これは低所得者に対する所得税の優遇措置で、働くことによる社会保障の減額を埋め合わせる効果があります。

2010年の例でいえば、働き手が1人で子どもがいない世帯の場合、年収1万2590ドル未満で最大40%の税額控除が受けられます。

＊貧困家庭一時扶助
(TANF: Temporary Assistance for Needy Families)
アメリカ合衆国で1996年の福祉改革により新たに導入された、貧困家庭に対する公的扶助制度

＊勤労所得控除
アメリカ合衆国の低所得者に対する所得税の軽減措置

つまり、5036ドルまでの収入が非課税になります。年収が1万2590ドルから1万6450ドルまでの場合も控除額は5036ドルで、それ以下のときとくらべて多くはありませんが、少なくもなりません。

年収が1万6450ドルを超えると、勤労所得控除は減らされていきます。1ドル稼ぐごとに、21セント減っていく計算です。

つまり、年収1万6450ドルからは負の所得税が発生するわけですが、いずれにしても永遠に優遇をつづけるわけにはいきませんから、どこかでそうなるのは避けられないことです。

2006年の勤労所得控除による政府支出は総額410億ドルとなっていますが、おもしろいことにこの数字は同年の生活保護の支給額を大きく上回っています。

働くことを義務づけるような制度もとり入れられてきました。

1980年代後半から1990年代半ばにかけて各州の福祉改革法案が続々と成立し、受給者に対する就労（あるいは教育訓練への参加）要請が強化されました。

生活保護の申請から2年以内に仕事に就かなければ、支給が減らされたり止められたりするようになったのです。また、受給期間にも制限が設けられ、多くの州では5年程度の期間で給付が打ち切られることになりました。

これらの就労要請プログラムは、96年の福祉改革で貧困家庭一時扶助（ＴＡＮＦ）の制度に組み込まれ、全国的に実施されています。

要扶養児童家庭扶助（ＡＦＤＣ）が実施されていた１９９４年には受給者数が１４００万人もいましたが、貧困家庭一時扶助の導入によって受給者数は減少し、２００１年の不況後の時点で６００万人以下となっています。

現物支給も、生活保護に安住させないための方策の１つです。

お金の代わりに、特定の商品やサービスを支給するということです。

たとえば、医療費が支給されるメディケイドや、食料の購入に利用できるフードスタンプなどがこのカテゴリーに含まれます。

現物支給はおかしな用途に使われる心配がないので、政治家には好まれる傾向があります。しかし経済学の立場からは、やはり働く意欲を阻害するのではないかという問題が指摘されています。

たとえばメディケイドは、転職の壁となることがあります。

メディケイドの受給資格を持つ人にとって、給料はいいけれども医療保険のない会社に転職するのは、かなり微妙な決断です。給料アップによってメディケイドの資格が失われ、医療費が全額自己負担になるかもしれないからです。

米国政府の貧困者に対する支援は、生活保護やメディケイド、フードスタンプにとどまりません。ほかにも住宅補助や学校給食など、低所得者への優遇措置がたくさんあります。そしてそうした制度には、援助と勤労意欲のトレードオフがつきものです。なかには問題にならないケースもありますが（高齢者や子どもはいずれにしても働きません）、ほとんどの場合、低所得者への援助は勤労意欲の低下という問題につながる可能性を孕《はら》んでいるのです。

貧困者への援助を考えるときには、こうしたジレンマを心に留めておく必要があります。

私たちのめざすものは、貧困ラインぎりぎりのお金を分け与えることではありません。めまぐるしく変化と成長をつづける社会のなかで、自分の力で生きていけるだけの技能を身につけてもらわなくてはならないのです。

第16章 格差問題
——不平等はどこまで許されるのか

貧困と格差は混同されがちですが、まったく別の問題です。

前章で見てきたように、貧困というのは収入が一定の水準よりも低い状態を指します。それに対して格差は、収入が多い人と少ない人の差が大きい状態を指します。

貧困率が下がっているのに、格差がむしろ拡大するような例はめずらしくありません。たとえば、好景気で貧しい人の暮らしがほんのすこし豊かになる一方、豊かな人の暮らしはもっと大幅に豊かになることがあります。

また、景気が悪くなって株価が暴落すると、もともと貧しい人もいくらか影響は受けるでしょうが、豊かな人のほうが大きく損をするでしょう。

そうすると貧困率は上がりますが、格差は縮まることになります。

格差が問題になってくる理由は、貧困のそれとは根本的に異なります。貧困は生きるのに必要なものさえ買えなくなる状態であり、純粋に生活が苦しいことが問題でした。しかし格差については、公正さという感覚がベースになってきます。

公正な社会であれば、生まれや家族のコネよりも、本人の努力やスキルに応じてお金が分配されるはずだという考え方です。

今の格差がはたして妥当なレベルなのかどうかが問題

格差の大きさを知るためには、貧しい人だけでなく、社会全体で所得がどのように分配されているかを見ていく必要があります。

そしてそのときによく使われるのが、人びとを収入別にグループ分けして、各グループの合計収入が全体に対して占める割合を見る方法です。

具体的には、各家庭を収入が低い順に並べて、均等に5分の1ずつや10分の1ずつ（あるいは数%単位）のグループに分けていきます。

ここでは話を簡単にするために、5分の1ずつに分けるやり方で見ていきましょう。

もしも各グループの収入が等しく20%ずつになっていたら、所得分配はきわめて平等であるということになります。

アメリカの統計を見てみると、下位の人たちの収入はかなり低い割合にとどまり、上位層になればなるほど全体に占める割合が大きくなることがわかります。

２００９年のデータによると、最下位グループの収入が全体に占める割合は、たったの３・９％でした。下から2番目のグループでも９・４％にしかなりません。真ん中のグループは15・３％、上から2番目のグループは23・２％でした。

残りの48・２％を占めているのが、上位５分の１のグループです。年収でいえば、およそ10万ドル以上の人たちです。なかでも18万ドル以上を稼いでいる上位５％の人たちは、社会全体の収入のうち実に20・７％を占めています。

１９７０年代から、富裕層の収入が大きな割合を占める傾向が強まってきました。

１９７５年時点で上位５分の１グループの占める割合は全収入の40・７％でしたが、10年後の１９８５年には43・１％に上昇。さらに１９９５年には46・５％となり、２０００年の時点では47・７％、２００９年には48・２％へと上昇をつづけています。

上位５分の１グループの取り分がおよそ34年間で約７％も増えたのですから、社会にとってはかなり大きなインパクトです。さらに数字をよく見てみると、この約7％の上昇分は、ほとんどすべてが上位5％層の取り分になっています。

このような格差は、政策で対処すべき問題なのでしょうか。

現実的な話をすれば、ある程度の格差というのはつねに存在するものです。

たとえば20代の若者はまだ給料が少なく、40代や50代になると増えてきます。そして定年退職後は、また収入が少なくなります。年齢によって格差があるわけです。

また、ある年は調子がよく、翌年は調子が悪いといったこともあります。個人レベルでもそうですし、建設業や農業といった業界全体でも浮き沈みはあります。転職や働き方の変化で収入が減ったり増えたりすることもあるでしょう。

このように所得格差にはさまざまな要因が絡んでおり、完全に格差をなくすというのは現実的な目標とはいえません。それよりもここで問うべきは、「今存在している格差がはたして妥当なレベルなのかどうか」ということです。

アメリカの格差を拡大させたさまざまな要因

この問いを考えるうえで手がかりになるのは、所得の分配が固定的かどうかに目を向けることです。格差が存在するとしても、人びとが各階層のあいだを自由に移動できるなら、問題はそれほど深刻ではないからです。

ここで必要になってくるのが、時系列で収入の変化を見られるデータです。

ある年の単年のデータは、所得分配のスナップショットにすぎません。その時点で人びとがどのような状態にあるかは見えますが、時間とともにどう動くかが見えないので、今中間層にいる人が、そこから上がるのか下がるのか、あるいはずっと中間層のままなのかということは、長期的に追ってみなければわかりません。

政府の統計は全体像を教えてくれますが、特定のグループが長期的にどう動いていくのかというデータが欠けているのです。

しかし、この点に注目したデータも存在します。

ミシガン大学のPSID*（収入動向に関するパネル調査）と呼ばれるものです。

この調査は各階層の人びとをターゲットとして、1968年から現在まで毎年の収入の変化を追いつづけています。PSIDのデータによると、かなり多くの人が年月とともに収入層を移動していることがわかりました。

ただし、移動の幅は1つか2つです。

*PSID（PISD: Panel Study of Income Dynamics）ミシガン大学がおこなっている大規模な収入動向調査。人びとの収入の変化を長期的に追っている

最下位グループだった人が下から2番目に移動したり、場合によっては3番目に移動することはありますが、最上位のグループに移動することはまずありません。

また、最上位グループの人が上から2番目や3番目のグループに移動することはありますが、最下位のグループに移動することは非常に稀です。

こうした移動の傾向は、ここ30年ほとんど変わっていません。

また、国ごとの比較データによると、アメリカにおける世代間移動性（子どもが親の収入層とはちがう層に移動するかどうか）は、ほかの先進国にくらべてけっして高くありません。

つまり、アメリカ社会の格差は大きく広がっていますが、それに見合うだけの移動性をともなっていないということです。

なぜ、アメリカの格差はここまで拡大したのでしょうか。

世界的に見ても、多くの先進国でここ30年のあいだに格差が広がってきています。考えられる理由としては、まず第一に技術の進歩があげられるでしょう。情報通信技術の急速な発展は、労働市場に大きな変化をもたらしました。

すでに見てきたとおり、労働市場は単一のものではなく、さまざまな市場が集まってできています。建設作業員や医師などそれぞれの職種に市場があり、それらが全体として労働市場を形づくっているのです。

さらに、労働市場における高技能労働者の供給は、ここ数十年で大きく拡大しました。多くの人が高校や大学以上の教育を受けるようになったからです。また、技術の進歩によって高技能労働者の需要も爆発的に増えました。

その背景には、コンピュータによって高技能労働者の生産性が飛躍的に高まったことなどがあります。表計算ソフトの登場によって経理の仕事がいかに効率化されたかを考えてみれば一目瞭然です。

しかし、そうした生産性の高い労働者への需要が高まる一方で、低技能労働者への需要はどんどん減っていきました。技術の進歩によって、人の手による単純労働がそれほど必要とされなくなったからです。


格差拡大の原因は、技術の進歩だけではありません。

たとえば経済のグローバル化によって、競争の相手が国内だけでなく世界中に広がったことから、低賃金で働く新興国の労働者がアメリカ人労働者のライバルになりました。

そのため国内の低技能労働者に対する需要は減り、賃金も大きく下がりました。格差拡大のおよそ2割は、グローバル化による賃金低下が原因であるという説もあります。

労働組合の衰退も、格差の広がりを助長したといえるでしょう。

労働組合は所得分配を公平にするための圧力となってきましたが、そうした力が近年失われてしまったのです。

1950年代のアメリカでは、労働者のおよそ3分の1が組合に加入していましたが、2000年代半ばになると13％にまで落ち込んでいます。ここからさらに教師などの公務員を除くと、民間労働者の組合加入率はたったの8％にまで下がります。

富裕層の税金をさらに増やすか、貧困層の暮らしを改善するか

格差を減らすためには、どのような政策をとればいいのでしょうか。

まず考えられるのは、高収入の人たちに高い税金を課すことです。

しかし実際のところ、アメリカでは格差が拡大していると同時に、高収入層が支払う税金の割合も大きく増えています。

連邦議会予算局のデータによると、1980年代には上位20％の高収入層が、国の税金の56・3％を負担していました。これには所得税だけでなく、給与税や物品税も含まれます。また、勤務先企業の法人税も間接的に負担しているとされています。

この56・3％という数字は、1990年までに57・9％へと上昇します。その後も上昇

をつづけ、1995年で61・9％、2000年で66・7％、2007年には実に68・9％となっています。上位20％の人たちが、国の税金の7割近くを負担しているわけです。なかでも上位5％の人たちは、2007年時点で全体の44・3％を負担しています。

つまり、高収入の人たちはより多くのお金を手に入れるようになりましたが、それ以上に税金の負担も増えているのです。

格差改善のもうひとつの手段は、貧しい人たちにお金を支給することです。

しかし前章で見てきたように、やり方をまちがえると労働意欲を損ないます。

また、お金を与えるというアプローチは、彼らを貧困へと追いやったそもそもの原因を見えにくくすることにもつながります。貧しさの裏には、教育の機会が与えられないなどの社会問題がひそんでいるかもしれないのです。

勤労所得控除の大幅な拡大を唱える声もあります。

前章でも登場しましたが、これは低賃金で働く人に対して所得税を優遇する制度のことです。この方法なら労働意欲を損なうことなく格差を減らすことができますが、問題は実現のためのコストです。格差是正策として本格的に勤労所得控除の拡大をとり入れた場合、その費用は毎年1000億ドルを超すともいわれています。

しかし、もしもこれが実現すれば、社会的に大きなメリットが得られる可能性があります。家族の安定など、社会問題の改善も期待できます。

貧しい家庭に対する直接的な支援のほかに、公共サービスを通じて間接的に支援する方法もあります。

たとえば低所得者が多く利用するサービスとして、公立学校や学校給食、公共交通機関などに多くの予算を割り当ててもいいでしょう。低所得者の住む地域に警官を多く配置するなど、安全面の改善をはかるという手もあります。また、図書館や公園、学校（とくに放課後の課外活動）など、公共の居場所をつくるというアプローチも考えられます。

こうしたやり方は低所得者層や中所得者層の家計を直接助けることにはなりませんが、彼らが日常的に利用する施設およびサービスの安全と安定につながります。

格差の拡大は、社会にとって憂慮すべき問題です。

しかし個人的には、富裕層の収入が増えることを嘆くよりも、貧しい人びとの暮らしを改善するために何ができるかを考えたいと思っています。

第17章

情報の非対称性

——保険がうまくいかない理由

中古車を買うことになったとしましょう。なかなかよさそうな車が見つかったのですが、いったいエンジンがどんな具合なのかわかりません。対策として、情報を得るために自動車の専門誌を読んでみたり、ウェブサイトを見たり、整備士に頼んでその車をチェックしてもらったりすることもできますが、それでもやはり確かなことはわかりません。

あるいは中古車を探していたら、ほしかった型の車が2台見つかったとしましょう。見た目はほとんど同じですが、1台はだいたい予想どおりの値段で、もう1台は半額以下の安さです。

さて、どちらの車を買うべきでしょうか。無難な値段の車と、やけに安い車と、あなたならどちらを選ぶでしょうか。

もしもあなたの知っている情報がすべてなら、どちらの車もまったく変わりはないことになります。それなら迷う必要はありません。安いほうを買えばいいのです。

しかし現実には、あなたの知っている情報がすべてではありません。

値段が安いということは、何か裏があることを示唆しています。見た目にはわからないけれど、どこかに欠陥があるのかもしれません。

情報が非対称なせいで、あなたは難しい選択を迫られることになります。

情報の非対称性がもたらすリスク

市場のしくみを説明するときの基本的なモデルでは、売り手と買い手が自発的に取引をするとき、おたがいに自分が得るものを知っていることが前提になります。

たとえば肉屋さんに10ドルを渡せば、おいしい肉が手に入ることがわかっているということです。しかし、現実の世界では、自分が何を手に入れるのかがわからないケースも多々あります。そうした情報の非対称性*は、ときに大きな問題を引き起こします。

***情報の非対称性**
売り手と買い手のあいだに情報の格差があること。相手の情報を完全に知りえないこと

たとえば、自分が企業の採用担当になったと想像してください。

求人をだしたところ、なかなかよさそうな経歴書が送られてきました。そして、希望年収の欄を見ると、相場の半分ほどの金額が書かれています。願ってもない安さです。

あなたはその応募者の経歴を熟読し、選考を進めます。しかしどこまでいっても、確信が持てません。素直にその人を採用していいのでしょうか。それともやはり、安い金額の裏にはとんでもない問題が隠れているのでしょうか。

雇ってみないことには、なんともいえません。

情報の非対称性によって、状況はリスクと不確かさをともなうことになるのです。

あるいは、銀行の貸しつけ担当になったとしましょう。

ある日お金を借りたいという人がやってきて、このようにいいます。

「何がなんでもお金が必要なんです。金利は10%上乗せしてもかまわないので、どうかお金を貸してください」

申請書類を見ても、とくにおかしなところは見当たりません。事業もうまくいっているようです。しかし、そこまで高い金利を進んで払うという客に、どのような印象を受けるでしょうか。

「それは実に助かります。ぜひお金を借りてください」といって貸し出す人もいるかもしれませんが、多くの人は必死な様子を見てこんなふうに考えるのではないでしょうか。「まるで自分からハイリスクな借り手だと告白しているようなものじゃないか。いくら高い金利を払うといったって、返済できなくなったら何の意味もないぞ」

こうした情報の非対称性に対して、市場はさまざまな対抗策を用意してきました。たとえば品質保証書は、粗悪品を買わされて損をすることをふせいでくれます。商標やブランドも、商品の品質を知るための便利な手がかりとなります。

労働市場では、経歴書やリファレンス（前職の関係者への照会）がそうした役割をはたしています。あるいは、資格や免許も情報の非対称性を軽減してくれます。教師や看護師、会計士、弁護士など、多くの専門職で資格が必要なのはそのためです。

また資本市場では、信用調査や連帯保証人、担保などのしくみが用意されています。

多くの市場では、そうしたしくみによってスムーズに取引が成立しています。

しかし、これがうまくいかない場合、政府の介入が必要になることもあります。情報の提供を法律で義務づけるということです。

食品の原材料や栄養成分表示はその一例で、消費者が十分な情報にもとづいて選択できるようにしてくれます。また上場企業には、財務情報の開示や会計監査が義務づけられています。

しかし、そのような対策が難しい市場もあります。

情報の非対称性でもっともダメージを受けるのは保険市場

情報の非対称性によって、とくに大きなダメージを受けるのは、保険市場です。保険市場には、生命保険や自動車保険のような民間保険のほかに、年金や失業保険などの社会保険が含まれます。

保険を売る側は、買い手が保険金支払いの必要な状況におちいるリスクをうまく見積もらなくてはなりません。しかし、誰がそうした状況におちいるかというのはきわめて予測しがたい問題であり、保険市場の大きな弱みとなっています。

この問題を理解するために、先に保険市場の基本的な動きを確認しておきましょう。まず統計的にいって、悪いできごとは一定の確率で起こります。しかし、誰がその被害者になるかはわかりません。保険に加入する人は、万が一に備えて資金をだしあいます。

そして実際にトラブルが起こったら、そのお金のなかから対象者に保険金が支払われることになります。

自動車保険を例に考えてみましょう。

ある自動車保険に1000人の加入者がいるとします。過去の統計から、1000人のうち900人までは1年間無事故で過ごすことがわかっています。そして50人はドアのへこみや擦り傷など、100ドル以下ですむような軽い事故を起こします。次に30人は1000ドル程度の、そこそこ事故らしい事故に巻き込まれます。さらに残りの20人は大きな事故に遭い、それぞれ1万5000ドル程度の損害を受けます。

ただし、誰がどの部類に入るのかを知るすべはありません。

自動車保険会社はこの情報をもとに、1年間に必要な保険金支払額を見積もっていきます。データから単純に計算すれば、事故の総額は33万5000ドルです。

つまり、1000人の加入者が335ドルずつ掛け金を支払えば、1年間に起こるすべての事故に対する補償が可能になるということです。

厳密にいえば、ここには2つの視点が抜けています。1つは保険会社の人件費や運営にかかわる諸経費です（会社ですから、いくらか利益も上げたいところです）。もう1つは、集めた掛け金を資本市場に投資して得る利益です。

しかし平均的にいって、掛け金の運用による利益は会社の費用によってだいたい相殺されます。ですからその2つの要素は気にせず、掛け金の総額と保険金の支払額でバランスを考えていきましょう。

実際、このように考えると保険市場の基本的なルールが見えやすくなります。

長期的に見た場合、平均的な人が支払う掛け金は、平均的な人が受けとる保険金額とほぼ等しくなるという法則です。

保険金の支払いでは、少数の人が多額のお金を受けとるのが典型的なパターンです。

先の自動車保険の例で見ても、33万5000ドルのうち30万ドルまでが20人の加入者に持っていかれます。これは1000人のうちの20人ですから、わずか2%です。この人たちは保険に加入してよかったと思っていることでしょう。

しかし大多数の人は、支払っただけ損をしたような気分になります。これは自動車保険にかぎらず、医療保険や損害保険などすべてに当てはまる特徴です。

ところで、ここまでの話はトラブルが誰についても一定の確率で起こることを前提としていました。しかし、現実にはそうともいいきれません。

たとえば自動車事故のようなトラブルは、自分の行動によって引き起こされる部分があります。非常に注意深い人もいれば、すぐに事故を起こす人もいるのです。保険会社がどれだけ念入りに情報を集めても、その人が事故を起こしやすいかどうかを完全に知ることはできません。

情報の非対称性が保険市場にもたらす2つの大きな問題

こうした情報の非対称性は、いくつかの問題につながっていきます。

とくに大きな問題の1つが、モラル・ハザード*です。

モラル・ハザードとは、保険に加入することによって、悪いできごとを回避するための慎重さが失われる傾向のことです。保険で補償されることがわかっているとき、人は悪いできごとをふせぐための行動をさぼりがちになります。

たとえば、補償の手厚い火災保険に加入している企業は、工場の防火対策に甘くなるかもしれません。盗難保険に入っている人は、家の防犯にお金をかけなくなるかもしれません。医療保険に加入している人は、ちょっとした風邪でもすぐに病院に行くかもしれないのです。

保険があるという安心感によって、そうでないときよりもトラブルが起こりやすくな

*モラル・ハザード
危険回避のための手段やしくみを整備することにより、かえって人々の注意が散漫になり、危険や事故の発生確率が高まって規律が失われること

り、保険金の支払金額がふくらむことになるのです。

もう1つの大きな問題は、逆選択*と呼ばれるものです。

逆選択とは、保険会社にとって望ましくない人が集まってきて、望ましい人が離れていく傾向のことです。

健康な人よりも不健康な人のほうが、医療保険に対する関心は高くなります。単純に平均支払額にもとづいて保険料を設定した場合、不健康な人の保険金を健康な人が負担することになるので、平均よりもリスクの低い人はその保険から離れていくでしょう。たとえ加入したとしても、最小限の補償内容にしておこうという人が多くなるはずです。

逆にリスクの高い人にとっては魅力的な価格ですから、ハイリスクな人がどんどん加入してきます。こうしてリスクの高い加入者が多くなると、保険金の支払額は平均より高くなりますから、保険料を引き上げる必要が出てきます。しかし保険料を引き上げると、リスクの低い人たちが保険をやめたり、より安いプランに移行したりします。

こうした事態を防ぐために、保険会社はリスクを選り好みします。高リスクの人を遠ざけ、低リスクの人を集めることに力を入れるようになるのです。

モラル・ハザードや逆選択への対抗策として、損害の一部を加入者の自己負担とする制

***逆選択**
情報の非対称性のせいでいいものが排除され、悪いものが残る傾向

度や、金額が低いときには全額自己負担とする制度などが生まれてきました。加入者自身に金銭的リスクの一部を負担してもらうことで、危機感を高めようという狙いです。

医療保険の加入者を対象にした調査によると、自己負担金の発生するグループでは、発生しないグループにくらべて医療費が3分の1になったそうです。

もともと健康状態には差がなかったのに、自己負担の有無で病院の利用頻度が大きく変わったのです。

もう1つのリスク軽減策は、加入者の数をなるべく増やすことです。

加入者の数が十分に多ければ、低リスクの人の割合が比較的多くなり、高リスクの人によるダメージが軽くなります。

そこで保険会社は、なんとかして加入者の数を増やそうとします。

会社などを通じて団体で加入すると保険料が安くなるのはそのためです。また、自動車保険の場合、ほとんどの州ですべてのドライバーに加入が義務づけられています。

低リスクの人が自動車保険から離れていかないようにすることで、市場全体としてのリスクを抑えているのです。

国民を広くカバーしつつ医療費を抑えられるシステムは可能か

アメリカを除くほとんどの先進国では、公的医療保険を国が用意しています。そのなりたちは国によってさまざまですが、前提とするところは一致しています。医療保険における情報の非対称性があまりにも大きすぎるため、自由市場では対処しきれないという見方です。

各国政府は医療の供給をコントロールし、価格を調整するなどしてモラル・ハザードの問題に対処しています。

また、逆選択が起こるのをふせぐために、国民全員を医療保険に加入させています。

アメリカ経済における医療費の比率は、ほかの先進国よりもかなり大きくなっています。世界保健機関*（WHO）によると、2007年度のアメリカの医療費（公的・私的支出を含む）は、1人あたり7300ドルでした。カナダやフランス、ドイツ、日本、イギリスではその半分程度で、1人あたり2700ドルから3900ドルとなっています。

GDP*に対する比率で見ると、アメリカの総医療費はGDP全体の15・7%を占めています。カナダ、フランス、ドイツではGDP比10~11%、日本とイギリスではおよそ8%

＊世界保健機関
(WHO：World Health Organization)
人びとの健康水準を上げることを目的とした国連機関。本部はスイスのジュネーヴ

＊GDP（Gross Domestic Product）
一国の経済の大きさを表す指標。国内で生み出されたモノやサービスの合計金額

程度です。

なぜアメリカだけが、これほど多くの医療費を使っているのでしょうか。

アメリカの医療費支出が大きい理由として、よくいわれるのは医療の質の高さです。

たしかにアメリカでは新たな薬や医療機器を開発すると大きな報酬が得られますし、医師や看護師の給与水準も高くなっています。

だからといって、アメリカの医療がほかの国の2倍すぐれているかというと、そんなことはありません。飛び抜けて多くの医療費を支払っているにもかかわらず、国民の健康状態がそこまでよくなっているわけではないからです。

とくに2000年代半ば時点で4000万人の無保険者がいることを考えると、けっして望ましい状況とはいえません。

保険市場における情報の非対称性は、なかなか解決しづらい問題です。

ここ数十年間、アメリカでもっとも多くの医療費を負担してきたのは政府です。

メディケア（高齢者向け医療費補助）や、メディケイド（低所得者向け医療費補助）、退役軍人や政府職員の医療費など、多額の支出をおこなっています。

2010年には、オバマ大統領が医療保険改革法を成立させました。この法律のめざすところは、医療保険の対象者を広げることと、医療支出を削減することです。アメリカではこの法律をめぐって、今でも大きな論争が繰り広げられています。いずれにせよ、この改革によって政府は医療保険市場により深くかかわっていくことになるでしょう。

一方、公的医療保険が整備されている国では、市場に競争をとり入れてコスト意識を高めようという動きが出てきています。

どこの国も、自分たちの医療制度に満足しているわけではないようです。国民を広くカバーしつつ、医療費を抑えられるような理想のシステムは、いまだに誰も見つけられていないというのが現状です。

第18章 企業と政治のガバナンス

――誰も信用してはならない

企業は信用するけれど、政治家は信用できないという人がいます。

逆に、政治家は信用するけれど、民間企業なんか信用しないという人もいます。

経済学は、誰のことも信用しません。

いい企業は、高品質の製品やサービスを安く提供し、従業員にすばらしい職場環境を提供します。いい政治家は、未来を見据えた制度をつくり、人びとの暮らしの質を大きく高めてくれます。

しかし一方で、悪質なやり方で従業員をこき使い、自分だけいい思いをしている経営者もいます。あるいは人びとの利益よりも自分の立場を最優先し、私腹を肥やすことばかり考えている政治家もいます。

そこで必要になってくるのが、ガバナンス*です。

ガバナンスとは、企業や政治家の働きをきちんと監視し、評価するということです。政治家や経営者は求められるパフォーマンスをだしているでしょうか。私利私欲でなく、望ましい方向に向かって動いているのでしょうか。

企業と政治のガバナンスにおける情報の非対称性の問題

ガバナンスの問題を考えるための道具として、プリンシパル・エージェント理論*と呼ばれる考え方があります。

何かをやりたい人（プリンシパル）が、自分以外の誰か（エージェント）に仕事をまかせているとき、この両者はプリンシパル・エージェントの関係になっています。

政治でいえば、人びとがプリンシパルで、政治家がエージェントです。政治家は（少なくとも理論的には）、人びとの利益のために働くものだからです。

企業でいえば、株主がプリンシパルで、経営者がエージェントです。経営者は株主のために利益を上げるものだからです。

経営者と従業員の関係も、典型的なプリンシパル・エージェント関係です。

＊ガバナンス
組織や社会において、メンバー自身が主体的に全体の動きを監視・評価すること

＊プリンシパル・エージェント理論
誰かが誰かに仕事をまかせるとき、きちんと仕事をさせるにはどうすればいいかを考える理論

プリンシパル・エージェントの関係では、情報の非対称性*が問題になってきます。

仕事の依頼主であるプリンシパルにとって、それを引き受けたエージェントの仕事ぶりを正しく把握することは簡単ではありません。はたしてエージェントは、依頼主の利益になるように、全力で仕事にとりくんでいるのでしょうか。

雇用関係でいえば、雇われた側の仕事ぶりがはっきりと目に見えるとき、雇い主は安心してお金を支払うことができます。

たとえば、自動車のフロントガラスをとりつける仕事なら、きちんととりつけられていれば合格です。果物を摘みとる仕事なら、摘みとった量に応じて評価できます。

しかし、そうした評価をするのが難しい仕事もたくさんあります。

成果が目に見えにくい仕事のことです。

たとえば、基礎的な研究をしている科学者や、ファストフードのレジ係を、何にもとづいて評価すればいいのでしょうか。彼らと同僚の働きぶりを比較するとき、どこを見て優劣をつければいいのでしょうか。また、本人の努力だけではどうしようもない問題については、どう扱うべきでしょうか。機械が故障したり、吹雪になったりして売り上げが落ちたら、その人の評価を下げてもいいのでしょうか。

***情報の非対称性**
売り手と買い手のあいだに情報の格差があること。相手の情報を完全に知りえないこと

こうした問題を客観的に判断することは困難です。そのためほとんどの場合、従業員の報酬を決定するときには、雇い主の主観が入ってきます。

経営者や政治家を評価するのは、それよりもずっと難しい問題です。

企業や国が好調かどうかは、見ていればわかります。

しかし、状態が悪いからといって、いい働きをしていないとはいいきれません。それより悪くなりそうだったところを、経営者や政治家がうまく食い止めたのかもしれないからです。あるいは状態がいいからといって、リーダーがいい仕事をしているとはかぎりません。まともな仕事をしていれば、もっと大きく伸びていたのかもしれないからです。

そういった実情を把握するのは、かなり困難です。

また、企業や政治家との関係においては、依頼主であるプリンシパルの数が非常に多くなります。そこで持ち上がってくるのが、一種のフリーライダー問題です。

経営者や政治家の働きを監督すべきなのはわかっているのですが、誰かがやってくれるだろうという他人まかせな気持ちが出てくるのです。

株主ならほかに何千人もいるし、有権者ならそれこそ何百万人もいるわけです。

それなのにどうしてわざわざ自分が、貴重なお金と時間と労力をかけてまで、経営者や政治家の働きをいちいちチェックしなくてはならないのでしょうか。

それにくわえて、個々のプリンシパルの影響力がきわめて小さいという事実もあります。自分1人が声を上げても、企業や政治を動かすことはできません。ほかの株主や有権者が協力してくれなければ、経営者や政治家は動いてくれないのです。

個々のプリンシパルの力が弱いとき、エージェントは仕事をさぼりがちになります。「プリンシパルの利益のためにがんばらなくては」という気持ちが薄れてしまうからです。

エンロン事件で浮き彫りになった企業のガバナンス問題

プリンシパル・エージェント問題の典型的な例が、エンロン事件[*]です。

エンロンは、天然ガスや電力の売買をおこなう企業で、全米でも有数の大企業でした。1998年の株価伸び率は37%、翌1999年は56%、2000年の伸び率は実に87%という成長ぶりです。2000年12月末時点で、株価は83ドルと絶好調でした。

さらに、先進的なインターネット取引や長期契約といった戦略が評価され、フォーチュン誌の企業ランキングでは「もっともイノベーティブな企業」にも選出されました。

ところが、それから1年も経たないうちに巨額の不正会計が明るみに出て、エンロンの

＊エンロン事件
世界最大手のエネルギー会社だったエンロンで不正会計が発覚し、巨額の負債を抱えて倒産した事件。アメリカ合衆国の会計・監査制度見直しのきっかけとなった

株価は暴落。２００1年12月2日、エンロンはついに事実上の倒産に追い込まれます。

アメリカを代表する優良企業がわずか1年後に倒産し、経営陣が有罪判決を受けるにいたったのです。いったいなぜ、そんなことが起こってしまったのでしょうか。

どうして誰も歯止めをかけることができなかったのでしょうか。


理由の1つは、株主による監視が機能していなかったことです。

個々の株主には経営陣をコントロールする力がありませんでしたし、きちんと監視しようという意識も欠けていました。

本来であれば、株主によって選出された取締役会が、株主を代表して経営陣の選出や監視にあたります。しかし、取締役に立候補する人を決めるのが、当の経営陣であるというケースも多々あります。その場合、取締役会の独立性と中立性は疑わしくなってきます。

また、取締役会はつねに業務にあたっているわけではありません。年に数回の大きな会議で、経営の現状や課題が共有されるだけです。会議の資料を用意するのも、監視される対象であるはずの経営陣です。

本当にやる気のある取締役会であれば、経営のあやまちを見つけだせるかもしれませんが、それでもできることはかぎられています。

上場企業には、監査を受けて監査報告書を提出することが義務づけられています。ところがエンロン事件で明らかになったのは、不正を指摘するはずの監査法人が、株主よりも企業に甘くなっていたという実態でした。

そもそも監査法人は、企業から報酬を受けとって仕事をしています。お金をもらいながら、同時にその企業を監視する立場に置かれるわけです。そうであれば、企業の相談に乗るうちに、自分たちの役割をとりちがえてしまうことも十分に考えられます。数字をうまく操作して、企業の利益をつくりだすのが自分の仕事だと思ってしまったのかもしれません。

エンロンの監査を担当していたのはアーサー・アンダーセンという監査法人でしたが、この会社が2000年にエンロンから受けとった報酬は5200万ドル以上であったといいます。それだけもらえば、エンロンの役に立ちたいと思うのも無理はないでしょう。

一方、大手の機関投資家*も、企業を外から監視する力となります。

機関投資家とは、投資信託や年金基金など、たくさんの株を所有している投資家のことです。本来なら投資額が大きければ大きいほど、その企業の経営状態に目を光らせなくてはなりません。

***機関投資家**
個人ではなく、企業体で投資を行っている大口の投資家のこと。一般投資家と異なり、動かす金額も大きく、金融市場に占める存在感も大きい

ところがエンロンの事例では、これもうまく機能していませんでした。

2000年末時点で、エンロン株のおよそ6割は大手の機関投資家が所有していました。その後2001年10月、不穏な動きが見えはじめてから数カ月経ったあとも、依然として機関投資家は6割の株を持ちつづけていました。

大口の投資家たちは機敏さに欠けていて、経営状態を厳しくチェックしようとは思っていなかったようです。

そのほかにも、企業の経営を監視すべき立場の人たちがいます。

投資家にアドバイスをおこなう証券アナリストや、企業に融資する銀行、経済紙に寄稿するジャーナリストなどです。彼らは企業の経営状態を見定める役割を負っていますし、その動きを監視する力もあります。

実際、2001年3月には、フォーチュン誌がエンロンの経営に疑問を投げかける記事をだしました。しかし、これにつづいて声を上げる人はほとんどいませんでした。

証券アナリストの報酬や情報源は、業界での評判と人脈で決まってくるところがあります。企業に嫌われてしまえば、何もできなくなるかもしれません。

同じことはジャーナリストや銀行にもいえます。

＊ストックオプション
会社が取締役や従業員に対して、あらかじめ定められた額（権利行使価額）で会社の株式を取得することのできる権利を与えること

空気を読まない人間は、仲間に入れてもらえなくなるのです。

経営層に対する**ストックオプション**[*]の付与も、株主にとって有効に働くと考えられていた時期がありました。経営する人が株をたくさん持っていれば、株価を上げるために一生懸命働くはずだといわれていたのです。1990年代にはこのやり方がブームとなり、多くの経営者がストックオプションを手に入れました。

しかし、これが逆効果になるケースも出てきました。

一部の経営者は株価を短期的に釣り上げることに躍起になり、場合によっては不正行為にまで手をだしました。そうして株価が上がったところで売りさばき、あとは下がるにまかせるのです。そのしわ寄せを受けるのは、もちろん株主たちです。

そこで2002年には、エンロン事件や同様の企業破綻を受けて、**コーポレート・ガバナンス**[*]の改革を目的とする**SOX法**[*]が成立しました。

SOX法には、取締役の選出方法変更、監査法人・証券アナリストに対する新たなルールの制定、**公開会社会計監督委員会**[*]（PCAOB）の設立などが定められています。

こうした新たな制度の導入で、いくらか改善された部分もあります。しかし実際には、

＊コーポレート・ガバナンス　企業統治。企業の経営を監視するしくみのこと

＊SOX法　サーベンス・オクスリー法のこと。内部統制の確立をはかって、適正な情報開示をおこなわせ、私的・不正な取引・運営を駆逐しようというもの

＊公開会社会計監督委員会（PCAOB:Public Company Accounting Oversight Board）　会計事務所の監視業務の品質を監視する機関

プリンシパル・エージェント問題の解消にはほど遠いというのが現状です。

経営者たちは今でも、なんとか利益を多く見せて自分の報酬を上げたいと考えています。一方、経営を監視する立場の人たちも、やはり無難な行動をとろうとしています。自分たちのキャリアを考えれば、経営者たちの機嫌を損ねるわけにはいかないからです。

２００７年から２００９年の不況が起こる前に、銀行や金融機関がいかに愚かな融資をおこなっていたかを考えれば、企業のガバナンスがいまだ大きな問題を抱えていることは明らかです。

投票率と利益誘導の問題が浮き彫りにする政治のガバナンス問題

政治のガバナンスに話を移しましょう。

企業の経営に不信感を抱いている人のなかには、国が企業を監視し、行動を取り締まるべきだと主張する人がいます。

しかし経済学者から見れば、政治だってそう簡単には信用できません。企業のガバナンスと同じような問題が、政治についても存在するからです。

ここまでの章で、政府が市場に対して果たす役割を見てきました。

社会をよくするために、政府はさまざまな形の介入をおこないます。独占をふせぎ、反競争的行動を取り締まり、公害を減らし、技術の進歩を助け、公共財の供給を調節し、貧困や格差問題に対処し、情報の非対称性に対策を打ちます。

民主主義国家における政府は（リンカーン元大統領がゲティスバーグ演説でいったように）、「人民の、人民による、人民のための」ものであるべきです。

民主主義社会では、人びとは自分たちの代表である政治家を選び、その働きをチェックする責任を負っています。

ところが現実には、かなり多くの人が投票を棄権しています。

最近のアメリカ大統領選を見ると、有権者の半数以上は投票に行っていますが、半数を大きく超えてはいません。投票率は２００８年の選挙で57％、２００４年で55％、２０００年は51％でした。市長選になると投票率はさらに低く、有権者の３分の１から４分の１程度にとどまっています。

なぜ人びとは選挙に行かないのでしょうか。

ほとんどの選挙で、当選者と落選者の得票数の差は数百から数千、ときには数百万票になります。ふつうに考えれば、自分の一票が影響力を持たないことは明らかです。

だから多くの人はやる気を失い、投票に行かなくなってしまうのです。経済学者のアンソニー・ダウンズは、著書『民主主義の経済理論』（成文堂）で次のように述べています。

民主主義国家に暮らす大多数の市民にとって、政治的情報に自分の持てるものを投資することは合理的行動とはいえないだろう。合理的な市民は、政党間にどれだけ大きなちがいがあろうとも、そのどちらを支持すべきかについてどれほど迷いがあろうとも、結局は自分の投票が選挙結果に何ら影響を及ぼさないことを知っているのだ。

ここ10年でもっとも接戦だった選挙でも、得票数の差は数百から数千票でした。これは、けっして1票が勝敗を分けるような状況ではありません。

それでもすこしでも多くの人に投票してもらうため、さまざまな対策が考えられてきました。たとえば、投票時間を延ばしたり、投票日を週末に持ってきたり、あるいは不在者投票の運用を柔軟にしたりするなどです。

このように、ここ何十年ものあいだ、アメリカではどんどん投票しやすい環境が整えられてきました。にもかかわらず、投票率の大きな伸びは見られません。

多くの国民が選挙から離れている一方で、積極的に選挙を利用している集団もいます。利益団体と呼ばれる人たちです。利益団体は人数でいえば多くありませんが、よく組織されており、国会議員を相手にうまくプレッシャーをかけていきます。

利益団体の目的は大多数の利益ではなく、自分たちに都合のいい政策を実現させることです。議員たちは組織票を目当てに、地元の利益団体に便宜をはかります。そして、その選挙区にとってだけ利益になるような法案を押し通すのです。

こうした地元への利益誘導は、民主主義に困った問題を投げかけます。

一部の人の利益のために、多くの無関係な人たちがコストを負担することになるからです。利益誘導によって得をするのは地元の有権者だけであり、コストを負担するのは国じゅうの人たちです。

利益誘導は時にはあからさまにおこなわれ、法案に賛成した各議員の選挙区にまんべんなく有利な項目が盛り込まれているようなケースもあります。

大規模な道路建設事業などの法案は、こうしたやり方で成立することがよくあります。国防予算がふくらむのも、各選挙区にある基地や軍需産業の影響が少なくありません。

投票率の低さと利益誘導の問題にくわえて、選択肢がいくつもある場合、選挙の結果が多数派の意見とかならずしも一致しない、という問題があります。

たとえば、ある州に住む有権者の6割が民主党*を支持していて、4割が共和党*を支持しているとしましょう。民主党の候補者と共和党の候補者がそれぞれ1人ずつであれば、民主党が有利になるはずです。

しかし、民主党から候補者がもう1人出てきて三つ巴の戦いになると、話はちがってきます。民主党を支持する人たちの票が割れて、少数派の共和党が勝利をおさめることになるのです。


さらに政府がまずい仕事をしていたとしても、政府に取って代わるものがないという問題点もあります。

たとえば、民間企業がまったく売れないものをつくっていたり、競合企業より高いコストをかけていたりしたら、経営状態は悪化します。やり方を変えなければ、やがてつぶれていくでしょう。このことが企業に対する大きなプレッシャーとなっています。

しかし、政府がまずいやり方をしていても、そのような力ははたらきません。政府の事業には、競争が存在しないからです。

国の提供するサービスがよくないからといって、代わりにサービスを提供してくれる企

＊民主党
アメリカ合衆国の二大政党のひとつ。おもにリベラルの立場をとる

＊共和党
アメリカ合衆国の二大政党のひとつ。おもに保守主義の立場をとる

業はありません。

悪い事業をやめて、よりよい事業に入れ替えるメカニズムが存在しないのです。

もちろん問題が山積みだからといって、民主政治が悪いということにはなりません。しかし経済政策を考えるときには、民主政治を動かしているのが聖人君子ではないということを覚えておく必要があります。

結局のところ、政治を動かしているのはただの人です。仕事を任された人たちがいて、それをコントロールしようとする有権者がいます。しかし、いつでもうまくいくとはかぎりません。善意に満ちた政策が、事態をむしろ悪化させることだってあるのです。


経済を考えるうえでもっとも大事なのは実際的になること

本書を通じて、ミクロ経済学の基本がひととおり身についたと思います。最後に、３つの重要ポイントをおさらいしておきましょう。

①市場は、かぎられた資源を配分するための非常によくできたしくみである。生産性アップや技術革新、資源の節約、消費者のニーズの充足といった目的が効果的に実現され、生活水準の向上につながっていく。
②市場のしくみは、うまくいかないときもある。独占や不完全競争、公害に代表される負の外部性、技術の停滞や公共財の不足、貧困、格差、情報の非対称性による弊害、監視とコントロールの難しさなど。
③政府は市場の問題を解決するうえで大事な役割を負っている。しかし、政府も不完全な存在であり、問題をかえって大きくしてしまうことがある。

経済を考えるうえでもっとも大事なのは、プラグマティックになることです。理想論や先入観を排して、あくまでも実際的に考えることです。

市場が抱えている具体的な問題に目を向け、具体的な解決策を探してください。そして政府の行動を現実的に評価してください。トレードオフやリスクから、けっして目をそらさないでください。

そのようなアプローチがとれるようになったとき（それがどんな結論につながっていくにせよ）、あなたは経済学者の思考スタイルを手に入れたといえるでしょう。

【著者紹介】

ティモシー・テイラー（TIMOTHY TAYLOR）

◉──経済学者・編集者。スタンフォード大学修士課程修了。雑誌や書籍の編集をしながら、経済教育に広く携わる。「とっつきにくい」「専門用語ばかりで何を言っているかわからない」といった経済学者のイメージを払拭すべく、「話のできるエコノミスト」として活躍中。スタンフォード大学の経済学入門の講義で“学生が選ぶ最優秀講義賞”を獲得するほか、ミネソタ大学・大学院でも“年間ベスト講師賞”を受賞するなど高い評価を受けている。

【監訳者紹介】

池上　彰（いけがみ・あきら）

◉──ジャーナリスト・東京工業大学教授。1950年、長野県生まれ。慶應義塾大学経済学部卒業後、73年にＮＨＫ入局。報道記者として、松江放送局、呉通信部を経て東京の報道局社会部へ。警視庁、気象庁、文部省、宮内庁などを担当。94年より11年間、ＮＨＫ『週刊こどもニュース』でお父さん役をつとめ、わかりやすい解説が話題に。2005年３月にNHKを退社し、フリージャーナリストとして多方面で活躍中。12年より東京工業大学リベラルアーツセンター教授。著書に『この社会で戦う君に「知の世界地図」をあげよう 池上彰教授の東工大講義』（文藝春秋）、『伝える力』（ＰＨＰ新書）など多数。

【訳者紹介】

高橋　璃子（たかはし・りこ）

◉──翻訳家。京都大学卒業。訳書に『ウォールストリート・ジャーナル式経済指標　読み方のルール』（かんき出版）、『アントレ・リーダーの「情熱」仕事術』（早川書房）、『エレファントム』（福岡伸一と共訳、木楽舎）などがある。

スタンフォード大学《だいがく》で一番人気《いちばんにんき》の経済学《けいざいがく》入門《にゅうもん》 ミクロ編《へん》〈検印廃止〉

2013年２月21日　第１刷発行
2016年３月７日　第10刷発行

著　者──ティモシー・テイラー
監訳者──池上　彰
訳　者──高橋　璃子
発行者──齊藤　龍男
発行所──株式会社かんき出版

東京都千代田区麹町4-1-4西脇ビル　〒102-0083
電話　営業部：03(3262)8011㈹　編集部：03(3262)8012㈹
FAX　03(3234)4421　振替　00100-2-62304
http://www.kanki-pub.co.jp/

ＤＴＰ──松好那名（matt's work）
印刷所──ベクトル印刷株式会社

ISBN978-4-7612-6894-7 C0033